Discover
ディスカヴァー

LIBERAL
ARTS
COLLEGE

未来予測の技法

時代を先読みし、チャンスを生み出す

株式会社メタップス
代表取締役社長
佐藤 航陽

「テクノロジーで
お金と経済のあり方を変える」

はじめに

「テクノロジーでお金と経済のあり方を変える」

これは、私が代表取締役を務める会社「メタップス」のミッションです。

ネットの普及により時間や空間といった目に見えない価値もデータとして認識できるようになり、人工知能や仮想通貨といった新たな技術の誕生により貨幣経済のあり方も大きく変わろうとしています。私たちはこれらのテクノロジーを駆使して新しい経済をつくることを使命としています。

＊1
タイムバンク
時間発行者の時間を10秒単位で売買できる時間の取引所。

その一環として、2017年にタイムバンク＊1という時間の取引所を開設しました。

この背景には、今の経済システムである資本主義に対する私なりの未来予測がありました。私がこういった予測の話をするとき、「佐藤さん、何言ってるのかわかりません。」と言われることがあります。

そこで、テクノロジーの進歩の流れをベースにした、未来を見通すための汎用的な思考体系をお伝えしようとした前著『未来に先回りする思考法』に大きく手を入れ、未来予測のための技法を抽出するような形で再構成することにいたしました。そのため、本書で紹介するエピソードの多くは前著でも取り上げたものとなっていますが、原理に立ち返って、そもそも何のためにそれがあるのかを考え、その背後にあるメカニズムが従うであろうパターンを当てはめて未来を予測するというシンプルなメソッドを、よりわかりやすい形で取り出しています。

第1章では、なぜ未来を予測することが重要なのかについて説明します。リーンスタートアップに代表されるように、未来を予測するのではなく、状況の変化に合わせて常に自らも変化していくことの重要性が認知されてきていますが、その前提には未来がまったく予測不可能であるということがあります。

しかし、実際はそうではありません。個別の具体的な予測というのはたしかに難しいのですが、将来どうなっていくかということの方向性を知ることは十分に可能なのです。そこで鍵となるのが、「パターン」です。パターンを見抜いたうえで来《きた》るべき未来の予測ができたなら、後は適切なタイミングを見極め、備えるだけです。

第2章では、未来を予測する具体的な方法論と、具体的なパターンを、実例や未来予測を交えつつ紹介していきます。未来を予測するためにまず行うべきことは、そもそもなぜそれが登場したのかということについて、必要性に立ち返って考えていくことです。そこを起点に、テクノロジーの進歩が繰り返し描くパターンを当てはめていくことで、未来が見えてくるのです。

ここで紹介する未来予測は、テクノロジーの進歩が今後社会をどのように変化させていくかについての現時点での見通しになっています。本書の一番の目的は、どのようにして未来予測を行うかをお伝えすることですが、同時に、テクノロジーが今まさにどのように社会を変えつつあるかを感じていただけたらと思います。

さて、ここから先では、この未来予測の技法を使うことで、どのようなことを見通すことができるのかということの具体的な事例として、国家や政治の今後について考えていきましょう。

事例ではなくその背後にある技法をまず知りたい方は、ここから先は一旦飛ばし、本編へお進みください。

国家の未来

まずは、そもそも国家とは何かということについて考えてみます。

実は、国家が誕生したのはつい最近のことで、それ以前は、小規模な村や集落という形でコミュニティを運営していました。それが拡大するにつれ高度化していき、軍隊を持ち、法律を整備し、通貨を発行することで近代国家*2へと進歩していきました。

人間の歴史を振り返ってみると、国家という枠組みはそれほど普遍的なものではなかったのです。

*2
近代国家
市民革命によって成立した、自由・平等、議会政治、法治主義などに基づく中央集権制の国家。封建国家や、絶対主義国家の崩壊後に登場した。

一般的に、私たちが国家と呼ぶ存在は、
3つの要素を持っています。
領土と国民と権力です。

一般的に、私たちが国家と呼ぶ存在は、3つの要素を持っています。領土と国民と権力です。

1つ目の領土は、さまざまな経済活動や国民生活の下地となる重要な要素です。現代の主要国家を見ると、国土の大きさと国の影響力は、おおまかに言えば比例する傾向にあります。

2つ目は国民です。その国家の国民であるためには、その国のルールを守る義務が発生します。その義務を果たす代わりに、国民は政府によってさまざまな権利を保障されます。

3つ目が権力です。国家はさまざまな力を持っています。法律を制定する力、税金を徴収する力、刑罰を執行する力、通貨を発行する力……。これらの力が、国家を継続させ続けているといっても過言ではないでしょう。

そもそも、なぜ国家はこれらの要素を持つようになったのでしょうか。言い換えれば、どんな必要性を満たすために、これらの要素は誕生したものなのでしょうか。ここではそれを少し考えてみたいと思います。

国家ができた理由を一言でいえば、「生存確率を上げること」に尽きるでしょう。群れをなす動物と同様、集団行動することで、私たちの生き残る確率は上がります。外敵に襲われにくくなり、集団の知識を共有し合うことで同じ失敗をしにくくなります。また、怪我をすれば、仲間が代わりに食料を分けてくれるなど、それぞれの不足を補うこともできるでしょう。すべて、個体の死ぬ確率を下げる行為です。

個体にとって、生存以上に直接的で切実な必要性はありません。

初期の人類は集団で狩猟をしながら暮らしていました。しかし、狩りは獲物がいつも見つかるとは限らない、ハイリスクな

＊3
税
国や政府が、公共サービスの費用として国民に負担を求める金銭。所得の再分配や、景気の調整機能などもあわせ持つ。

手段です。時を経て、人類は、より不確実性の低い農耕や牧畜へと移行をはじめます。農耕や牧畜は手間こそかかるものの、一定の土地とノウハウがあれば継続的に食料を確保することができます。

農耕社会において、「土地」は経済力の源泉です。集団は領土を拡大することで、より多くの食料を確保し、多くのメンバーを養えるようになります。

個人は、集団のために「税＊3」という形で得られた食料の一部を差し出し、それをもとに集団は領土を拡大していきます。そうすることで、集団に所属する個人一人ひとりに、より豊かな暮らしが提供されるのです。

一方で、領土が拡大し、コミュニティの構成員が増えると、和を乱すものが出てきます。この段階において、コミュニティを快適に維持するために、特定の人に力を与え、構成員全員にルールを遵守させる必要性が出てきます。これが「権力[*4]」の起源です。

「代理人」に権力を集中させることで、あらゆるプロセスを効率化させていくのが近代という時代でした。国家はその最たる存在です。国民の力を国家という代理人に集約させることが、近代の社会を運営するうえでは最も効率的でした。

＊4
権力
望まない行動であっても強制することのできる能力。国家が持つ権力としては、統治権、警察権、徴税権、武力行使、経済制裁などがある。

領土の重要性が低下する

この近代国家のシステムは、新しいテクノロジーによってどういった方向に変化していくのでしょうか。

まずは領土から見ていきましょう。

かつて、土地の広さは農業や工業における生産能力と直結していたため、領土の広さは国力そのものでした。しかし、資本主義[*5]が成熟するにつれ、全世界的に産業の中心が農業や工業から、金融や情報通信といった物理的な制約に縛られない分野に移ってきます。

農業や工業から金融や情報通信へのシフトという事実自体はよく指摘されるものの、その理由、すなわち、どんな必要性があったのかということについて語られることはあまり多くありません。

資本主義社会は、常に次の金脈を求めてさまよい、より効率的に資本を増やす方法を探しています。人間の欲望には際限がないという前提に立ち、その性質を活用して経済を発展させていこうとするのが資本主義の本質だからです。そして、その資本主義において最も必要性が高いのが「資本を高速で増やすこと」です。

✻5
資本主義
利潤の追求を目的として、資本家が労働者の労働力を買い取って商品生産を行う経済構造。

さて、農業や工業と金融や通信産業、どちらがより効率よく資本を増やすことができるのでしょうか？

農業や工業といったビジネスは、資本を一度商品という物質として現実世界に戻します。そして、物としての商品を販売し、資本を増やすという形をとります。一方で、金融や情報通信は現実世界に戻す物質が存在しません。金融は資本から資本を生み出し、情報通信は情報を資本に変えます。貨幣も情報もただの概念であり、非物質的な存在です。

現実世界に物質として戻しそれを元手に資本を増やすのと、仮想の概念同士のやりとりで資本を増やすのと、どちらがより効率的かつスピーディか、結論は明らかでしょう。現実世界の形ある商品をつくるためには工場も必要ですし、倉庫から配送までさまざまな物理的な制約も存在します。そういった制約が多いほど資本が増えるスピードは落ちていきます。

一方で、場所も時間も必要とせず、資本や情報のみで完結するビジネスは、高いスケーラビリティ[*6]を持ちます。工場も倉庫も、何万人という従業員も必要ではありません。世界中のどこにいてもビジネスができ、かつ、多額の初期投資も必要ありません。

より効率的でよりスピーディに資本を増やしていく方法を探していくと、経済の中心は農業や工業から、金融や情報通信などの非物質的な分野に移っていくのが必然的な「流れ」です。水が高いところから低いところに流れるように、資本の高速増殖という原理に従い、産業はその中心を移行してきました。

そして、この「流れ」が見えてくれば、今後の方向性もある程度予想可能です。

アメリカが世界のリーダーとしての地位を今も変わらず保ち続けているのは、こういった産業の移り変わりをうまく捉え、

✻6
スケーラビリティ
利用者やタスクの増大に容易に対応できる能力。

インターネットや金融といった地理的な要素に
縛られない産業が経済の中心になるほど、
領土という要素の重要性は下がっていきます。

集中的に投資して自国の企業を各国に進出させてきたからです。

コンピュータが誕生してから、アメリカはヒューレット・パッカード、ＩＢＭ、Apple、Microsoft、ＤＥＬＬなどを世界的企業へと成長させてきました。そして、インターネット産業が誕生してから、今度はGoogle、Amazon、Facebook、Twitterなど、シリコンバレーを中心にいくつもの企業を世界的規模に成長させています。

そして、アメリカには西のシリコンバレーに対し、東にはそれらの企業の株式を売買して儲ける世界最大の金融センター、ウォール街があります。現在主流となる金融と情報産業の両方を絶妙なバランスで備えているという強さが、アメリカという国を支えています。

インターネットや金融といった地理的な要素に縛られない産業が経済の中心になるほど、領土という要素の重要性は下がっていきます。

シンガポールのように、領土が狭く資源に恵まれない国であっても自国の経済を成長させている例が出てきたのは、この「領土の重要性の低下」という流れがベースにあります。将来的には、領土をほとんど持たない国家が世界の中心になることも、十分にありえます。

当面、国民は「形式的に」国家に所属し続ける

次に国民です。

中国やインドのように莫大な国民を抱える国が、今後も市場として成長が期待されるのは間違いありません。一方、逆に日本のように少子高齢化が進む国の成長率が鈍化していくこともまた自明です。

つくり手（生産者）は土地を選ばずビジネスができる時代です

が、貨幣が使われるのは、結局のところ消費者＝国民の数が多い場所です。その意味において、国民数が多い国の影響力が強いという傾向は今後もしばらくは続くでしょう。

ただ、決済も含めビジネスのすべてが国境を持たないインターネット上で完結できるようになった今、かつてのように国民数と国力が単純比例する時代では徐々になくなってきています。

先ほど、国家とはコミュニティが進化したものだと述べました。そして、「コミュニティ」という言葉をさらに遡れば、その起源は「コミュニケーション（交流）」にあります。コミュニティは、本来同じ思想や教義を持つ人同士がコミュニケーションをとるための「場」として形成されてきました。

どんな場所にいようと、同じ思想や教義の人たちとコミュニケーションを交わすことができるこの時代において、国家と国民の関係は、土地に縛られていた時代から変化してきています。

世界最大のSNSであるFacebookのユーザー数は、全世界で20億にも達します。

コミュニケーションの場としての役割は、すでに国家だけのものではなくなり、徐々に国家はかつてほどのメリットを国民に提供できなくなっています。

かつて、農業を中心とした社会であれば、生活を豊かにしたい国民と領土を拡大したい国家の利害は一致していました。しかし、無形の商材を扱うサービス業が中心になった今、その利害の一致は失われ、国家と国民の関係はどんどん形だけのものになってしまいつつあります。

とはいえ、国家に所属するメリットを感じなくなった国民が、自由に国を選択できるようになるか、と問われればその答えは否でしょう。少なくとも、国家というシステムは「形式的には」かなりの間残るものと思います。

なぜなら、国家は権力という強力な武器を持っているからです。

国家の権力が、企業に脅かされる

権力は、国家を国家たらしめる最大の要素です。領土に住む国民に対して強制的に何かを行わせる権限を持ち、法律によってルールそのものをつくることができる。現代では、この統治権こそが国家そのものといえます。

国家が形式的には残るだろうと考えられるのは、時代が変わり「必要性」が変わったとしても、法律や規制を制定することで、世の中の流れを多少遅くすることができるからです。選挙のシステムにはインターネットがなかなか導入されてきませんでしたが、これは、国家が規制をつくり、効率的な取引を阻害しているひとつの例といえます。

しかし、多少スピードを遅らせることができたとしても、「必要性」の変化にいつまでも無縁でいることはできません。そもそも、国家がなぜこれほど強力な統治権を持つようになったかといえば、単純にそれが最も効率のよい方法だったからです。領土が広がり、国民も増えれば、ハブの中心となる国家の仕事量も増えます。そうなると、代理人である国家に強力な力を預けなければ、全体の管理はままならなくなります。

ところが、コンピュータやインターネットの登場が、この統治のあり方を変えつつあります。情報技術の発達は中央に強力なハブがある意味を薄くしてしまいました。時間と空間の制約を受けずに情報を伝達できるようになれば、分散したネットワーク型のシステムでも、ローコストでの管理が可能です。

これまで国家が行ってきた膨大な情報の管理や処理も、民間企業や個人がつくったシステムで同じことができてしまう時代

その際、国家にとって最も脅威となるのが
多国籍企業です。

です。国家よりも民間のほうが効率的かつ低コストでできてしまう業務は多数存在しています。Googleが情報を共有するためのインフラとなり、Facebookが個人の信頼を担保しているのが、その具体例です。

繰り返しになりますが、近代は、代理人にまとめて管理させることで効率的な社会システムを確立させてきた時代です。軍隊、工場、そして学校さえも、すべて大規模かつ画一的に個々人の行動を管理するように設計されている点では共通しており、いずれも、この時期に標準化されています。

21世紀は、これまで有効に機能したハブ型の国家と、より効率的な分散型の仕組みを構築しようとする民間企業や個人が「綱引き」をする期間といえます。そして、その際、国家にとって最も脅威となるのが多国籍企業です。

もともと、国家も企業も世の中の「必要性」を満たすために誕生した組織であり、異なるのはそのアプローチだけです。国家は法律を執行し、公共サービスを提供することで国民の「必要性」に応えます。企業は、同じことを自社の製品やサービスを通じて行います。

従来、多くの企業の活動範囲は国内に限られていました。しかし、グローバリゼーションの進行とインターネットの普及は、企業を土地から解放しました。企業は資本主義の原理に基づきどこまでも成長を求められ、これまで国家の担っていた役割までも侵食していきます。そして、その侵食は自国内だけでなく全世界において行われます。

なぜ、民間企業のほうが競争力を持つかといえば、国家と比べてコストと効率の面で優れたソリューションを提供できるからです。

たとえば、学校運営を見てみれば、そのギャップがよくわかります。公立の学校が最低限の義務教育を提供するのに対し、私立や塾はブランディングからマーケティングまで、競争力を持つべく力を尽くします。営業努力をしないと、生徒がこないからです。

実際、国立の東京大学がトップである日本と違い、ハーバードやスタンフォードなどアメリカの難関大学の多くは私立です。ハーバードなどの名門大学は、採用や買収を通じて各国の優秀な人材を取り込むグローバル企業さながらに、国を超えて猛烈な人材の獲得競争を行っています。各国の国立大学に対し、海外の名門私立大学はすでに圧倒的な競争力を持った競合となりつつあります。

そして、新しい国家のあり方が生まれる

国家が持つ権力のなかでも重要なもののひとつが通貨発行権です。私たちが使っている日本銀行券は、国によって「法定通貨」として定められています。国による裏付けがあるからこそ、私たちは相手にこの通貨での受け取りを強制できるのです。国家は、中央銀行を通じて通貨が市場に出回る量をコントロールできます。この権限がなくなると、経済への直接的な影響力は大きく下がることになります。

ビットコイン＊7の登場は、中央銀行というシステムそのものを否定するものであったため、世界に大きな衝撃を与えました。ビットコインの最も特徴的な点は、通貨発行者がいなくても機能する点です（本来、通貨には発行者が必要で、通常はこれを中央銀行が担っていました）。

詳しくは触れませんが、ビットコインはブロックチェーンと呼ばれるテクノロジーを使った暗号通貨で、ネットワークすべ

＊7
ビットコイン
中央銀行による価値の保証を持たない仮想通貨のひとつ。ブロックチェーンと呼ばれる台帳に取引履歴が記録されるため、取引の整合性を検証することができる。

ビットコインの最も特徴的な点は、通貨発行者がいなくても機能する点です

てに取引履歴が記録される仕組みになっています。そのため、通貨発行者がいなくとも、記録から通貨がどこからどこに移動したかを把握することが可能になり、結果として中央に管理者がいなくても成立するようにできています。

こうした暗号通貨が普及して、誰がどのような取引をしたか外部から追跡できなくなると、どのようなことが起こるでしょうか。

まず、国家の徴税権が弱まり政府の税収が減少することが考えられます。取引が追跡できず、個人の資産状況が把握できなければ、税金を課す根拠が成立しません。つまり、通貨発行権を失うことは徴税権を失うことと同義なのです。結果として、国家はそのあらゆる権力の源泉を失ってしまうことになります。

ビットコインは、まださまざまな懸念や規制から大きなシェ

アを獲得していませんが、私たちの生活でも、すでに似たような事態が起こりはじめています。電子マネーの普及です。

たとえば、Tポイントや Suica にチャージされている残高は銀行口座に蓄積されている貯金とは異なります。現在、電子マネーは法律的に見ればサーバー上のデータにすぎず、純粋な意味での貨幣ではありません。しかし、実際には、それらの電子マネーはコンビニなどで貨幣と同じように使うことができます。

こういった電子マネーの流通が増えてくれば、実体経済での取引量と名目上の通貨の流通量がますます一致しなくなってくるでしょう。経済規模が縮小しているように見えて、実はバーチャル経済に移行していただけだったということも出てくるかもしれません。

企業や組織が電子マネーやポイントを発行して独自の経済システムを構築していくと、国家は、国民の資産状況や収入状況を正確に把握することがますます難しくなります。たとえば、

国家が果たしていた仕事を多国籍企業が代替し、
権力の源泉でもある徴税権が弱まっていけば、
従来の形の国家の力が弱まっていく
可能性が高いはずです。

現金口座には10万円しかないが、5つの電子マネーの残高がそれぞれ10万円ずつあった場合、どこまでを資産としたらよいのでしょうか。その線引きをすることに加え、すべての電子マネーを厳密に管理する難しさという問題もあります。

国家が果たしていた仕事を多国籍企業が代替し、権力の源泉でもある徴税権が弱まっていけば、従来の形の国家の力が弱まっていく可能性が高いはずです。

ただ、現時点では、「これから国家は弱体化していく」と早急に断言することはできません。企業の力をうまく取り込むことで弱点を克服する、新しいタイプの国家が出てくるかもしれないからです。

たとえば、エストニアでは、大統領選挙をスマホから投票できるようにし、国家運営を大幅に効率化しています。選挙にかかるコストを削減できればその予算を他に回すことができますから、国の競争力を高めることにつながります。シンガポールも、政府が積極的に投資事業を行い、資源と領土の少なさを補ってアジアでは高い経済成長率を維持しています。

国家の主な要素であった領土、国民の重要度が下がっていく一方で、その流れを見極め、自国の戦略に反映させる国家はむしろ影響力を強めて、新しい国家のあり方を創出しはじめているのです。

政治の未来

次に、政治の未来について考えてみましょう。国家の中枢である政治は、テクノロジーによってどのように変わっていくのでしょうか。ここでも、まずは政治がどんな必要性を満たすために誕生したのかという原理に立ち返って考えていく必要があります。

古代ギリシャのような小規模な都市国家では、広場に市民が集まり、弁士の演説を聞いてその場で議論を交わし意思決定をするというシンプルな直接民主制を採ることも可能でした。たしかに、数百人、数千人程度の国家であれば、広場で代表者の演説を聞いて、投票したほうが効率的でしょう。複雑な制度など必要ありません。

しかし、何百万人と国民が増えてくると、この方法は成立しません。国家のなかにも、利害関係の一致しない数多くのグループ（集落、階級、組合など）が生まれてきます。また、利害関係が複雑化してくるにつれ議論の内容も細分化されていき、各人の主張内容をすべて把握することも難しくなっていきました。その結果、関係者全員が納得できるようなシステムが必要とされるようになりました。

そこで生まれたのが、各地域から代表者を選出し、代理人として話し合いをしてもらう間接民主制です。国民は、自分たちの利益を代弁してくれる信頼できる人を選び、その人に意思決定を任せます。間接民主制は、まさに典型的な「ハブ型」の近代社会の特徴を備えています。


間接民主制が生まれたのは、大勢の人が広場に集まって議論すると収拾が付かなくなるからでした。そのため、物理的な制約やオペレーション上の問題をクリアできるテクノロジーがあれば、今のアプローチを採る必然性はなくなります。

そして、ネットを使えば、こういった課題は十分解決可能です。5年後には、世界中のほとんどの人がネットに接続されたデバイスを常時携帯し、情報の送受信をしている状態になるでしょう。そうなれば、わざわざ広場に集まらなくても何百万、

政治的な議論は正解を見つける手段というだけではなく、関係者全員が納得するための儀式的な役割も備えている

何千万という人の意見をインターネット上で収集できます。それらのデータをリアルタイムで処理して分析することだってできるでしょう。

ただし、データの収集と意思決定は分けて考えなければなりません。データの収集が可能になっても、政治的な意思決定までもがシステムによって行われるようになるには、相当な時間が必要になるでしょう。

なぜなら、政治的な議論は正解を見つける手段というだけではなく、関係者全員が納得するための儀式的な役割も備えているからです。システムによって導き出された結論を多くの人が信頼できるようになるまでには、かなりの時間を必要とするはずです。

＊8
クラウドファンディング
インターネット経由で、比較的少額の資金提供を呼びかけ、不特定多数の人々から資金を調達すること。

選挙と議会が中抜されるようになる

意思決定についてだけではなく、政治資金の調達方法においても、インターネットは大きな変化を与えます。

これまでの政治活動では、政策を実現するためには、議会を通し、税金から予算をつけてもらう必要がありました。そのためには、時間をかけて政党内で力のあるポジションに就くことが必要でした。

一方、クラウドファンディング＊8を活用すれば、政策を実現したい人とそれに資金を提供したい人さえ存在すれば、それだけで活動が成り立ってしまいます。面倒な調整や決議や予算獲得などのプロセスをすべて「代理人」抜きに実現し、シンプルに民意を反映させられるのです。

さらに、これを政治活動としてではなくビジネスとして継続させていくことができれば、もはや一般の投資と変わりません。何かに困っている人たちがいて、その問題をビジネスとして解決できる人が存在していれば、後はそれに投資したい人が、ネットを通して資金を提供し適切なリターンを得るだけです。

実のところ、ビジネスも政治も、目的はまったく一緒で、そのアプローチが異なるだけです。何かに困っている人たちのニーズを汲み取り、その解決策を提示するというプロセスは共通しています。その資金調達源が投資であればビジネスとなり、税金であれば政治になりますが、どちらも、問題解決のための行為です。

政治に携わりたい、つまり社会の問題解決をしたいと考える場合、以前であれば政治家になることが最も近道でした。しかし、実際にその理想を実現するまでに、どれほどの時間が必要になるでしょうか？　新米議員として政党に所属し、派閥に入り、法律を通せるようになるまで、少なくとも20年以上の時間が必要でしょう。

現在20代、30代で影響力のある政治家のほとんどは、「地盤・看板・カバン」が生まれたときから揃っていた2世3世の世襲議員です。また、今政治の世界でリーダーシップを持つさらに上の世代の政治家も、世襲議員が多くを占めています。

このような状況で、政治家の子どもでもない人が、本当に解決したい社会的な課題を見つけたとき、政治家になるのが最良の道ということにはならないでしょう。

「社会起業家※9」という言葉が普及してきたのもこの流れのひとつです。これまでは政治の領域で解決されていた問題を、起業家がビジネスの領域で解決しようとする試みが増えてきています。

これからの時代、選挙や議会すらも中抜の対象になりえます。

※9
社会起業家
事業を通じて社会課題の解決を目指し、起業する人のこと。ソーシャル・アントレプレナーとも呼ばれる。

このような状況で、政治家の子どもでもない人が、本当に解決したい社会的な課題を見つけたとき、政治家になるのが最良の道ということにはならないでしょう。

政治の世界に入るよりも、機動性も柔軟性も高いビジネスの世界で勝負したほうが、結果的に早く問題を解決できるかもしれません。

国家にも経営戦略が必要となる

今後は民間でやったほうが効率的なことはどんどん民営化し、民間と行政サービスを競わせることでよりよいサービスを提供していくことが必要になっていくでしょう。

企業に限らず、これからは国家にも競争力が求められる時代です。今後需要が高まっていく領域に投資をし、低くなっていく領域への投資を削減することでリターンを最大化していく点においては、国家運営も企業経営も変わりありません。

そのためには、テクノロジーで効率化できる領域は最大限効率化し、削減したコストで次の時代への投資を行い、他国との差別化を図っていく必要があります。

アメリカが強いのは、金融やインターネットというトレンドを捉えて自国の強みに変え、グローバリゼーションの流れを移民政策などに積極的に活用することで経済を活性化させたからです。

逆に、中国はそのアメリカのつくり出す世界的なスタンダードのよいところだけを取り込み、コントロールの手綱は自国で握り続けました。どちらも、国家としての経営戦略が明確になっています。

目次

第1章

未来に先回りしたものだけが勝ち残る

1

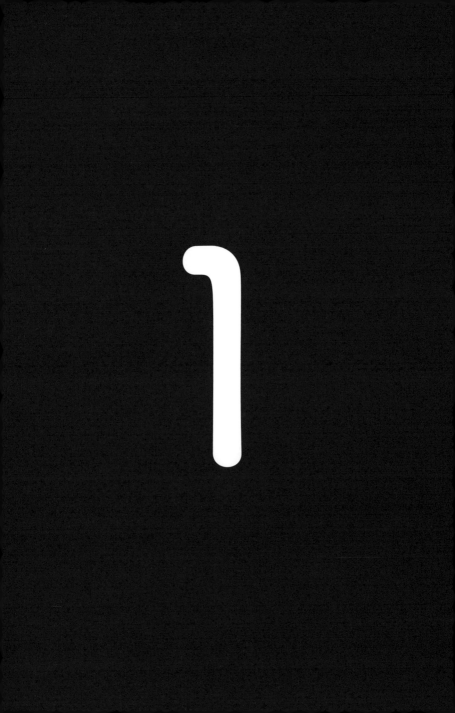

未来に先回りした
ものだけが勝ち残る

未来予測はなぜ難しいのか？

私たちの多くは、未来を見誤る

「飛行機の実現までには百万年から一千万年はかかるだろう」

ニューヨーク・タイムズがこの記事を掲載してわずか数週間後、ライト兄弟は人類で初めて空を飛び、この予測を覆しました。

一流紙でジャーナリストを務めるほどのエリートが、なぜそんなことを自信満々に書けたのだろうと、当時の人々は笑いました。

しかし、彼らもまた、こう考えていました。

「飛行機の実現までには
百万年から一千万年はかかるだろう」

「宇宙船？　そんなものは夢のまた夢だ」

現代を生きる私たちも、未来を見誤るという意味では、宇宙船を夢と考えた人たちを笑うことはできません。

現在日本で2800万（2017年9月）を超えるユーザー数を誇るFacebookですが、「実名登録なんて日本でははやらない」と言われていたのは、ほんの数年前のことです。

今では多くの人が使っているiPhoneにしても、発売当初は「おサイフケータイが使えない」「赤外線がないなんてありえない」などの理由から、はやらないという意見が多数派でした。

これから私たちの社会がどう変化していくのかは、今の社会を真剣に眺めるだけではわかりません。巷にあふれる未来予測本を読んでも、わかることはないでしょう。私たちはいつも未来を予測し、そして外し続けてきました。

プライベートエクイティから
ベンチャーキャピタルへ

ビジネスの世界、特にテクノロジー産業のなかにいると、今や数カ月先のことですら予測するのが難しくなってきています。市場の変化するスピードが速すぎるのです。

その背景のひとつとして、インターネットが情報と資本の流動性[*10]を一気に高めたことが挙げられます。

インターネット登場以前は、ビジネスの多くが国内で完結し、情報の流通速度も遅く、市場の変化は、規模もスピードもとてもゆるやかでした。ところが、インターネットの登場によって、産業の構造が急速に再構築されるようになりました。

これが意味することについて、投資という視点からおもしろ

＊10
流動性
商品や貨幣などが、どれほど簡単に交換できるかを示す指標。一般に、債権や株は流動性が高く、不動産は低い。

いことが見えてきます。

インターネットが誕生する前は、プライベートエクイティ（経営難に陥った企業を買収し、再建して企業価値を向上させてから売却するファンド）は、とても儲かる領域でした。

企業の問題点を把握し、再建計画を描き、そのとおりに実行すれば、着実な成果が期待できたからです。つまり、「計画どおりに実行すればうまくいく」というのが、インターネット誕生以前のルールだったのです。

しかし、インターネットが登場した1990年代後半、状況が急速に変わりました。インターネットを通して情報と資本の流動性が高まりすぎた結果、市場がまたたく間に激しく変化するようになりました。思いもかけないところにリスクが存在し、計画どおりに事業を進めても、計画当初とはまったく異なる市場になっているという事態が頻発するようになりました。

そうなると、プライベートエクイティは以前のような着実な成果を出せなくなります。このようななかで大きなリターンを生み出しはじめたのが、ベンチャーキャピタルです。

ベンチャーキャピタルは、見込みのある事業に投資して、その成長からリターンを得るという点においてプライベートエクイティと同じことをしています。違うのはそのリターンの出し方です。

ベンチャーキャピタルのビジネスモデルは、10社に投資し、そのうちの1社の成功により他の9社への投資額を回収し、リターンを得るというものです。なぜこのようなモデルなのかというと、どの企業が成功するか、事前にはわからないからです。

事業の成否は事前に予想できるというスタンスのプライベートエクイティが衰退し、そもそも予測など不可能という前提で投資するベンチャーキャピタルが大きなリターンを得る。この産業構造の変化は、市場の変化のスピードの向上を象徴しています。✎1

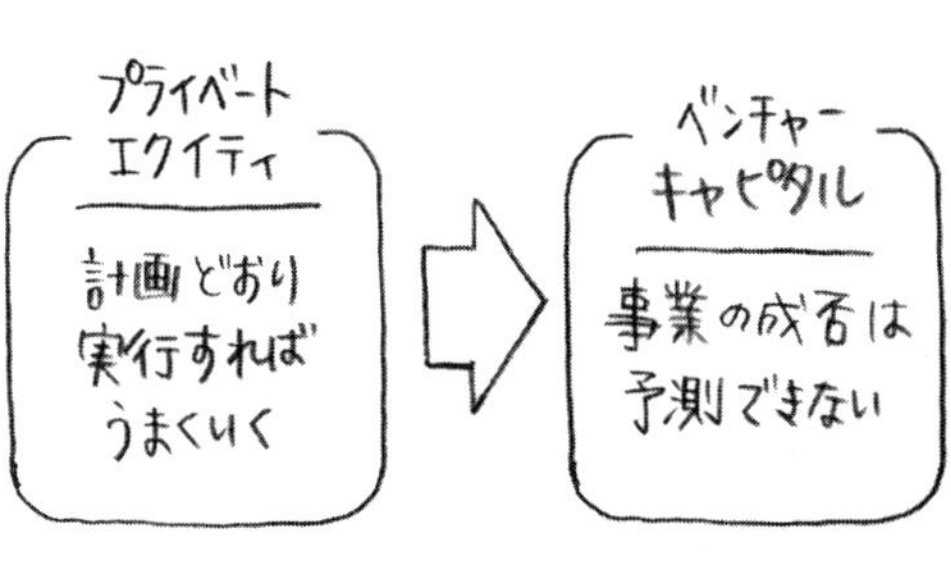

✎1
プライベートエクイティからベンチャーキャピタルへ

事実、ここ数十年、名だたる大企業が倒産し、逆に聞いたこともないような企業がまたたく間に巨大なグローバル企業に成長するということが繰り返し起こってきました。

マーク・ザッカーバーグがハーバード大学の学生寮でＳＮＳをつくり、Facebookを創業したのは２００４年です。その後ユーザーが急増し、２０１７年現在、20億人が使う世界レベルのインフラのようなサービスにまで発展しています。そして今日、Facebookの企業価値は50兆円を超えます。これを上回る企業は、日本にはもうありません。

テクノロジーの進歩は、起業家や投資家すらも置き去りにしつつある

ＩＴ業界にいればこのスピード感にも慣れてくるのですが、

あらためて振り返ってみると、これはとてつもない速さです。これまでの何十年の積み重ねがたった数年でひっくり返ります。そして、今後もテクノロジーの進歩と市場の変化のスピードは、指数関数的に上がっていくことでしょう。✎2

ＩＴを主軸に事業を展開するなかで感じることに、テクノロジーの進歩が、起業家や投資家すらも置き去りにしつつあるということがあります。ＩＴ分野で勝負する起業家や投資家は、インターネットについて最も詳しい人たちのはずですが、彼らですら、技術の進歩の速さについていけなくなってきているのです。

こうした進歩を牽引しているのはGoogle、Apple、Amazon、FacebookなどＩＴ界の巨人と呼ばれる企業です。注目すべきことに、彼らが投資する領域は、その他の起業家や投資家が投資する領域とずれがあります。

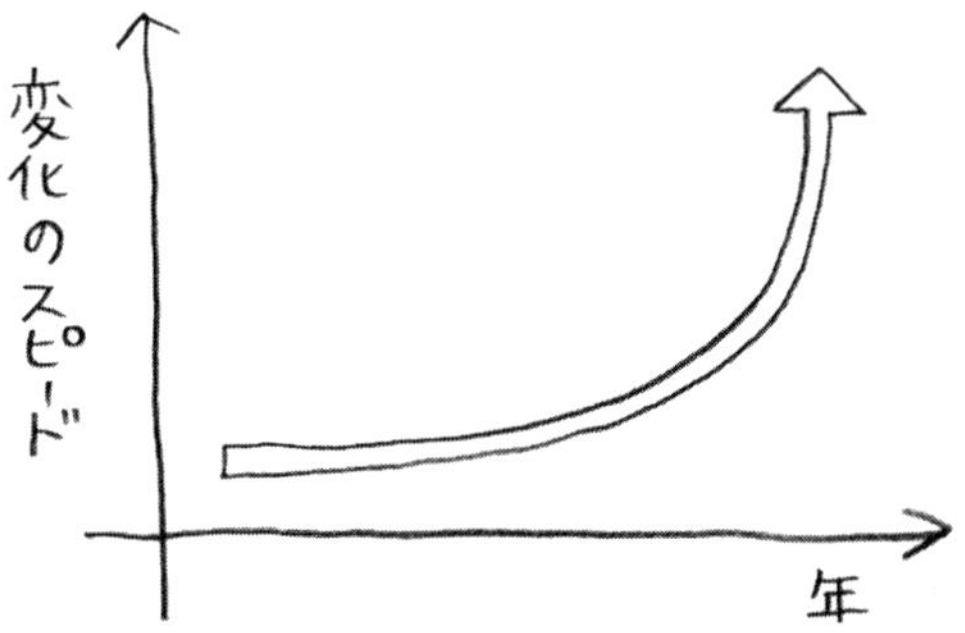

✎2
指数関数的な変化

Googleは、他の起業家や投資家が手がけるよりかなり早い段階でロボットや人工知能への投資を積極的に行ってきましたし、Facebookも、同様にかなり早期に仮想現実のOculusを2000億円で買収しています。世間で話題になる2〜3年以上前から、こういった領域への投資を準備していたであろうことは明らかです。

なぜＩＴ業界の巨人だけが未来を見通し、その他の企業、そして投資家までもが遅れてしまっているのか。その理由は、巨人たちが最先端の研究者を自社内に囲い込み、クローズドな状況で開発を行っている点にあります。

最先端を走る企業は、大学の教授や研究者をスカウトし、企業内のラボで好きな研究をさせています。研究者としても、大学内で限られた予算を使い実験をするよりも、莫大な資金力と大学の何倍ものサンプルデータを持つ民間企業のほうが、よりよい結果を残せると考えるのは当然でしょう。
事業化を前提に研究テーマが選ばれているため、研究の情報が外部に漏れることもなく、結果として外の人間が知るのは数年後になります。

また、起業家や投資家が技術の進歩に追いつくことが難しくなってきているのにはもうひとつ理由があります。インターネットがデータサイエンスから自動車、金融まで、あらゆる産業に空気のように浸透していった結果、必要とされる知識がより広範囲にわたってきているのです。
テクノロジーの進歩のスピードは、今やほとんどの一般の人々の認識の限界を超えてきています。

テクノロジーの進歩のスピードは、今やほとんどの一般の人々の認識の限界を超えてきています。

予測が難しいからこそ、強力な武器になる

「予測できないからリーンスタートアップ」は間違っている

こういった時代の流れを背景として、「リーンスタートアップ」という考え方がはやりました。リーンスタートアップでは、そもそも計画することを放棄します。計画を作成しても、変化が速すぎてまったく役に立たないからです。それならばいっそのこと「未来は予測可能である」という前提を捨て、変化が起きたときにすばやく対応し、修正を重ねていけばいいというの

がリーンスタートアップの概要です。「強者ではなく、変化に対応できたものだけが生き残る」というダーウィンの進化論をそのままビジネスに当てはめたかのようなスタンスです。

その考え方の本質は「地図を捨ててコンパスを持つ」ことにあります。

道路や建物の場所がずっと同じままであるという前提が崩れてきているなかで、古い地図をずっと握りしめていても、移動することはできません。コンパスの指す方向だけを頼りに、最小限のリソースを携えて、仮説検証を繰り返しながら柔軟に進路を変更しつつ前に進むほうが、目的地に早くたどり着けるのです。

私自身も2007年に起業し、事業を展開していますが、この考え方はとてもしっくりくるものでした。計画とずれが生じたとき、当初の計画に近づけようと努力するのではなく、現実

「強者ではなく、変化に対応できたものだけが生き残る」

に起きていることのなかで全力を尽くすという考え方は、非常に合理的です。

ただ、最近は状況がさらに一段階先に進んでいます。市場に参加しているプレーヤーが同じように「リーン」なスタイルでビジネスに挑んでいるため、競争が激化しているのです。特に、ＩＴサービスは、資金面・技術面において参入障壁が低いので、市場は一瞬で混み合います。

どれだけスピーディに変化に対応して仮説検証を繰り返しても、競争が激しくなりすぎてしまえば、十分な収益を上げることはできません。

「予測を放棄し、変化にすかさず対応する」。一見理にかなったこの戦略は、もはや戦略として意味をなしません。変化を見抜くことが難しい時代だからこそ、未来を的確に予測し、先回りできた企業と個人が最終的には勝利を収めるのです。

ダーウィンの言葉を翻案するならば、まさに、現代は「変化に『先回り』したもののみが生き残ることができる」時代だといえるでしょう。

適切なときに
適切な場所にいることが、
リターンを生む

ビジネス書では、効率化のノウハウや、ライフハック的なテクニックがよく紹介されています。しかし、本当に大きな成果を上げたいのであれば、真っ先に考えなければいけないのは今の自分が進んでいる道が「そもそも本当に進むべき道なのかどうか」です。

いくら現状の効率化を突き詰めていっても、得られる効果は

「変化に『先回り』したもののみが
生き残ることができる」

せいぜい2〜3倍が限度です。あなたがもし10倍や100倍の成果を得たいのであれば、今自分が取り組んでいる活動そのものを見直す必要があります。

自転車をどれだけ改造して整備しても、宇宙に出ることは永遠にできません。どれだけ速くペダルをこいでも、自転車は構造上宙に浮くことは絶対にありません。月に行きたいのであれば、今乗っている自転車から降りる必要があるのです。

テクノロジーの進歩があるシステムを時代遅れにしてしまうことがあるように、市場の急速な変化によって、かつて自分が選んだ道が最適解ではなくなっているということはたびたび起こります。

ひたすらに現状の効率化を続けることは、目的地への近道を探すことを放棄した思考停止の状態といえます。現実の世界は、たったひとつの道しかゴールにつながっていないというわけで

月に行きたいのであれば、
今乗っている自転車から
降りる必要があるのです。

はありません。目的地へのルートは、無限に存在します。「どうすれば現状のやり方を効率化できるか」を考える前に、「今も本当にそれをやる価値があるのか」を優先して考えるべきなのです。

私たち一人ひとりの努力によってできることは非常に限られています。そのため、大きなリターンを出すためには、適切なときに適切な場所にいることが重要となります。

短期間で大きな企業をつくり上げた企業経営者に会うと、意外な共通点があることに気づきます。実は、彼らが、コミュニケーション能力が高く、リーダーシップや人望にあふれたなんでもできるスーパービジネスマンであることは稀です。彼らが共通して持っているのは「世の中の流れを読み、今どの場所にいるのが最も有利なのかを適切に察知する能力」です。

うまく未来を予測している人は、点ではなく線で考えている

コミュニケーション能力や外見的な魅力はある程度生まれつきの部分もあります。しかし、少し先の未来を予測する力を身につけるのはそれほど難しいことではありません。

重要なのは、その行為に自分の時間を投資しようと思うかどうかです。

私たちの多くは、今目の前で起きていることからしか将来のことを考えることができません。しかし、現在の景色という「点」だけから行う未来予測は、だいたいにおいて外れます。

なぜなら、その一点においてでさえ、現実世界は膨大な要素にあふれているからです。それらが互いに複雑に影響し合って

**現在の景色という「点」だけから
行う未来予測は、
だいたいにおいて外れます。**

社会を発展させているのですが、それらをすべて把握することは、人間の脳というハードウェアの性能では、まず不可能なのです。

一方で、驚くほどの先見性を発揮して大きなリターンを得る人が稀にいます。たとえば、スティーブ・ジョブズは1980年代、当時30代だった頃から、すでに個人がスマートフォン（以下スマホ）を持つ未来を予言し、それを自分の手で実現させることを決めていました。彼は、現在という「点」の膨大な情報を組み合わせて考えるのではなく、長い時間軸から社会の変化のパターンを捉え、その流れを「線」としてつなげて考えていたのです。

現在を「点」として捉えている私たちからすると、彼は、あたかも未来を先取りしていたかのように見えます。

未来予測の鍵は「パターン」

繰り返し描かれるパターンから未来を予測する

テクノロジーの世界には、浮かんでは消えていくいくつもの流行語のような言葉があります。少し前なら「ソーシャルメディア」「クラウドコンピューティング」「クラウドソーシング」「CtoC」「シェアリングエコノミー」「Makers」。最近であれば「IoT（Internet of Things）」「VR（Virtual Reality）」「AI（Artificial Intelligence）」などです。

ほとんどの人にとって、それらは突然現れては消えていく流れ星のような存在でしょう。なぜ、いつそこに現れるのか、まったく予想がつきません。一方、GoogleやFacebookなどシリコンバレーの一部の企業は、創業者自身がコンピュータサイエンスに精通しているため、それぞれのトレンドの関係性と全体像がつかめています。

人々が流れ星を慌てて指差しているときに、彼らはもう次の流れ星がどこに現れるかを突き止め、悠々と待ち受けているのです。他の人にとっては、関連のない「点」でしか見えていないものが、彼らには予測可能な「線」として見えています。

Googleが自動運転車をはじめたとき、「なぜ、検索エンジンの会社が?」と不思議に思った人は多かったと思います。検索エンジンを「点」として捉えていては、「自動車」という別の「点」との関係は見えてきません。しかし、インターネットの性質と「世界中の情報を整理して誰にでも利用可能にする」という彼らのミッションを理解していれば、このふたつの「点」

検索エンジンを「点」として捉えていては、
「自動車」という別の「点」との関係は
見えてきません。

が、一本の「線」として見えてきます。「PC上に広がる情報を、検索エンジンを通じて取り込み整理すること」の延長線上に「自動車を通じて情報を取り込み整理すること」が位置するというわけです。

彼らはどのようにして「線」を見ているのだろうか。その思考法を汎用性のあるロジックとして整理できれば、ビジネスを進めるうえで大きなメリットになる。そう考えて、これまで自分なりに探究を続けてきました。

その結果わかったことは、「何十年後にこうなる」という具体的な近未来予測は難しいということでした。

世の中には、どうあがいても予測不可能な事柄が存在します。たとえば、どれだけ過去を分析したとしても、今この瞬間に居眠りしたドライバーの運転するトラックが突っ込んでくるかどうかは、知りようがありません。

「何十年後にこうなる」という具体的な近未来予測は難しい

しかし一方で、予測可能なことがあることにも気づきました。それは、「パターン」です。テクノロジーがどのように進歩していくか、テクノロジーが進歩していくと政治や経済のシステムがどのように動いていくか、そこにはパターンがあるようなのです。

先ほどの例でいうと、目の前のトラックのドライバーが居眠りするかどうかはわからなくても、居眠り運転による事故が毎年何件起きているかは理解可能です。

繰り返しになりますが、将来どの企業が成功を収めているだとか、どの政党が与党になるだとかいった個別具体的な予測は、今の私たちにはできません。

不確実性の高い個別具体の事象を、あたかも予測可能なものであるかのように扱っているものは、知的好奇心を満たすためにはいいかもしれませんが、あまり実用的とはいえません。

テクノロジーがどのように進歩していくか、テクノロジーが進歩していくと政治や経済のシステムがどのように動いていくか、そこにはパターンがあるようなのです。

私たちにできることは、「人々はどのように行動するか」「テクノロジーはどのように発展していくのか」「どのように未来の方向性が決まっていくか」といったことについて繰り返し描かれているパターンを明らかにし、それをもとに、未来社会の全体的なトレンドやメカニズムを探っていくこと、そして、それを重要な意思決定に活かしていくことです。

人間社会はパターンの塊

私の経営する会社では、人工知能を活用して、さまざまなアプリのデータからユーザーの行動パターンを見つけ出し、アプリ開発者が次にどんな施策を打つべきかを提案するシステムを世界中で提供しています。たとえば「ゲームでこのパターンの動きを示しはじめたユーザーは、もうやめる可能性が高い」という分析から「別のアプリの広告を見せるべき」という施策を提示したりします。
これを実現するためには、何千万人、ときには何億人のユーザーの行動データを分析することになります。そして、このデータから得られた結論は、私の人間に対する認識を大きく覆すものでした。

さまざまな人々と会って話をしていると、性格も趣味も外見的な特徴も、多様性にあふれていると感じます。まさに「十人十色」です。しかし、何千万人におよぶユーザーを「まったく同じ条件下でどんな反応を見せるか」という観点で分析してみると、国や文化がまったく異なるにも関わらず、ヘビーユーザーの反応パターン、あるいは、離脱するユーザーの反応パターンがほとんど変わらないのです。また、属性がまったく異なるように見える人々であっても、行動を細かく分析していくことで、かなり限られたパターンに分類できることがわかりました。

人間の目で見るとなんの共通点もない事象も、データという形で分析してみると驚くほどシンプルな法則性に基づいています。私たちは、私たちが思っている以上にパターンの塊なのです。

感情にすらパターンがある

「いずれ、人工知能が人間の機能を代替する」

こうした話をするときに必ず出てくるのが「人間の感情の部分は数値化できない」という反論です。しかし、近年のテクノロジーの進歩は、人間の感情の部分ですら、一気に解析を進めつつあります。人の感情を動かすことが重視されるコンテンツ制作の分野でも、その影響はすでに現れはじめています。

これまで、映画やマンガやゲームなどのエンターテインメン

人間の目で見ると
なんの共通点もない事象も、
データという形で分析してみると
驚くほどシンプルな法則性に基づいています。

ト産業では、一部の天才クリエイターのひらめきに依存してヒットがつくられてきました。

しかし、インターネットとそこから発生する膨大なユーザーのデータが、従来と真逆のアプローチを可能にしつつあります。

テレビゲームの時代は、テレビに家庭用ゲーム機をつないでプレイするのが一般的でした。しかし、テレビにつながれているだけではどれだけ多くのユーザーがプレイしても、どこをおもしろいと感じて、どこをつまらないと感じているかのフィードバックを吸い上げることはできません。

一方、通信型のゲームでは、インターネットを通じてユーザーの情報を吸い上げられるため、「おもしろい」「つまらない」などの「感情」を、科学的に分析することが可能になりました。

多数のユーザーが競争したり協力したりしながら進行するタイプのゲームは、ユーザーがどの場面でゲームをやめてしまい、どのような場面で最も白熱するかのデータが、ログとして蓄積

通信型のゲームでは、インターネットを通じてユーザーの情報を吸い上げられるため、「おもしろい」「つまらない」などの「感情」を、科学的に分析することが可能になりました。

されていきます。これらのデータより見えてくるパターンから、発売後もリアルタイムでシナリオに変更を加え、ユーザーを飽きさせないように改善していくことが可能になりました。

つまり、パッケージとして販売されるソフトと違い、これらのゲームに完成形はありません。その代わり、誰も遊ぶ人がいなくなるとその時点でゲームは「終了」になります。

まったく同じことが、ゲームだけではなく、映画やマンガなどの世界においても適用可能です。日本では、DeNA社が提供するマンガボックスなど、無料マンガアプリが急速に普及しつつあります。マンガ家は自分の作品のどの部分がユーザーに最も刺さっているかをデータとして分析することが可能になり、そのパターンがすべて蓄積されていきます。将来的にはデータからユーザーの属性を分析し、それぞれに適した違う結末が用意されているマンガだって成立するかもしれません。

ディズニーにはユーザーの「感動のパターン」がノウハウとして蓄積されており、そのフレームワークに沿って映画がつくられているという話を、エンターテインメント業界に勤める方から聞いたことがあります。実際、少年誌の人気マンガの登場キャラクターやストーリー展開が驚くほど似ていると感じた方は少なくないでしょう。

今後はこうした形式知がデータという形でより一般化していくことが予想されます。

こういったある種の「勝ちパターン」は、その業界でも限られた人たちだけが知っている、いわば「秘伝のソース」のようなものでした。誰にでも習得できるようなものではないからこそ天才が存在したのです。しかし、データが人の「感情」すらパターンとして認識するようになると、誰でもこのパターンを利用することが可能となり、天才の希少性は失われるでしょう。

しかし、データが人の「感情」すら
パターンとして認識するようになると、
誰でもこのパターンを利用することが可能となり、
天才の希少性は失われるでしょう。

「感情」という最も数値化しづらいと思われている分野ですら、パターンが存在するのです。

パターンを信じてAndroidに投資

ここで、少し長くなりますが、パターンをもとに未来に先回りして成功を収めた自社サービスの事例を紹介します。

現在自社で展開しているアプリの収益化支援ビジネスは、2010年の終わりに起案し、2011年の春に開始しました。

実はこのサービス、当初はAndroidに特化したものでした。今でこそAndroidのシェアも広がりましたが、当時のAndroidは、今のようにサクサク動くようなものではなく、一言でいえばボロボロの「ガラクタ」でした。

一方、その頃iPhoneはすでにハードもOSも自前で製造し、安定したエコシステムを形成していました。２００９〜２０１１年は、アプリの市場の実に9割がiPhoneで占められ、Androidのアプリ市場にはお金がほとんど回っていませんでした。自分のなかでも、Androidに自社のビジネスを特化することが正しいと納得したうえで答えを出せたかといえば、正直そうではありません。

それでもなぜ当時ボロボロだったAndroidが普及すると考えたかというと、過去の事例から「パターン」を学んでいたからです。

スマホのAndroidとiPhoneの競争は、かつてパーソナルコンピュータの分野で起こったMicrosoftとAppleの競争にとてもよく似ていました。

スティーブ・ジョブズの率いるAppleの戦略は今日に至るまで一貫しています。ハードウェアからOSまですべて自社でつくることで製品の完成度を高める「垂直統合型[*11]」が彼らのビジネスモデルです。収益の中心はハードウェアの販売となるので、垂直統合型の場合、細部にわたるまですべて自社でコントロールし、完成度の高い製品をつくり続ける必要があります。

一方で、Microsoftは自社ではハードウェアをつくらず、端末を制御するOSを各コンピュータメーカーにライセンス販売する「水平分業型[*12]」のビジネスモデルを採用しています。

最終的には、ご存知のとおりMicrosoftが市場の9割以上のシェアを獲得し大成功します。一方Appleはデザインなど特殊な用途に使われるニッチな製品という立ち位置に追いやられ、シェアは数%にまで落ち込んでしまいました。

成否の鍵は、垂直統合型と水平分業型というビジネスモデルの違いにありました。垂直統合型は成功すれば高い利益率を叩き出すモデルですが、全プロセスを自社で完結させることにな

*11
垂直統合型
市場に投入する製品やサービスのサプライチェーンの上流から下流までを統合して競争力を高めるビジネスモデル。

*12
水平分業型
商品開発・製造の各段階を、それぞれの分野を得意とする企業が受け持つビジネスモデル。

るため、資金力とノウハウが求められます。一方で、水平分業型の場合、足りないプロセスについては他社に任せ、自社は得意なところだけに特化することができます。

Androidが iPhoneに対して採った戦略は、Microsoftとほぼ同じものでした。２００８年当時はスマホといえばほぼiPhoneという状況で、サムスンをはじめとした端末メーカーがなんとかしてAppleに追いつきたいと考えていました。これも、多くのＰＣメーカーがAppleに対抗しようとしていた当時の状況と重なります。また、各スマホメーカーは、Appleのように全プロセスを自社でやるほどの資金力もノウハウも時間も持っていませんでした。

私は、当時ボロボロで使い物にならないAndroidに不安を感じつつも、自分の感覚よりも過去のパターンから得られた結論、つまりAndroidがかつてのWindowsのように普及するという未来に賭けることにしました。

しかし、当時の状況においては、Androidの使い勝手があまりにも悪かったため、Androidに賭けるという選択は周囲には受け入れがたいものでした。何より、自分自身も直感的にはAndroidがこれから優勢になるという予想に納得していませんでした。

Androidに舵を切った当初は、事業を展開しようにも市場自体が存在しないので、ビジネスが立ち上がりませんでした。しかし２０１２年頃から、市場の趨勢が変わってきます。各メーカーがスマホの製造に乗り出し、こぞってAndroidのＯＳを採用しはじめました。

サービスをはじめた２００９年には10％にも届かなかったAndroidのシェアは、気づけば２０１４年には85％に到達していました。

私たちのサービスが成功した要因は、がむしゃらな努力でも

私たちのサービスが成功した要因は、
がむしゃらな努力でも画期的なイノベーションでも
ありません。

画期的なイノベーションでもありません。私たちはただ、波がくる少し前に未来に先回りして待ち受けていただけです。結果として、大きな波に押し上げられるような形で、ビジネスは拡大していきました。

変化には一定のパターンが存在します。一見ランダムに動いているような市場の変化も、一定の進化のメカニズムに則っています。その意味において、現在は過去の焼き直しであることが多いのです。

この体験から、適切なタイミングで適切な場所にいることの重要性を深く考えるようになりました。もちろん、事業を成功させるためにはある程度の実務能力が必要です。しかし、事業がどこまで巨大になるかは、つかんだ波の大きさにかかっています。私たちには波自体をコントロールすることはできませんが、テクノロジーが進歩していくパターンをつかめれば、その波を意識的に捉えることができるようになります。

現在は
過去の焼き直しで
あることが多いのです。

予測の次は、タイミングの見極め

タイミングがすべてを決める

ここまで説明してきたように、「点」で考えるのではなく、「線」でつないでパターンを考えれば、何が起こるかを予測することと自体は実はそれほど難しいことではありません。ただし、それがいつ起こるかを読むとなると難題です。

Oculus[*13]に代表されるVR[*14]（仮想現実）も「そういう未来がいつかくる」と予測していた人は少なくありませんでした。

スマホやタブレットもコンセプトそのものはずっと昔からありましたし、実際につくって販売した人たちもいました。ただ、高すぎたり、重すぎたりなどさまざまな理由から普及しなかっ

＊13
Oculus（オキュラス）
バーチャルリアリティ向けのヘッドマウントディスプレイ。

＊14
VR
コンピュータによってつくり出された人工環境を、現実のものとして知覚させる技術。

ただけです。端末製造のコストが下がり、ネットの回線が十分に速くなったタイミングで登場したからこそiPhoneは成功したのであり、Appleだけに未来が見えていたわけではありません。ただ、タイミングが適切だったのです。

この観点からすると、「ウェアラブルデバイス[*15]ははやるか?」といった議論はあまり本質的なものとは言えません。重要なのは、どのタイミングで本格的に普及するのかです。

タイミングが早すぎれば、コスト、技術、品質、倫理などの面で社会に受け入れられることはなく、逆に遅すぎれば成果はすべて他人に持っていかれてしまいます。

✻15
ウェアラブルデバイス
腕時計やリストバンド、指輪、メガネ、衣服といった形で、身体につけたまま使える情報端末。

リソースを調達し、タイミングを見極める

ビジネスの世界でアクションを起こすのは、電車に乗る行為とよく似ています。目の前には、都内の通勤ラッシュのように、分刻みのスケジュールで電車が走っています。そのなかから、選ぶ市場や戦い方によって、乗る電車を選ばなくてはいけません。ただし、乗客は、その電車がどこまで行くものなのか、事前に知ることはできません。遠くまで行ける電車を見抜けるかどうかは、乗客の未来を読む力に委ねられているのです。

最も遠くに連れていってくれる電車を見つけて飛び乗ることに成功すれば、大きく飛躍できるでしょう。ただし、そのためには「切符」を持っている必要があります。

この「切符」にあたるのが「リソース」です。それは資金だっ

たり、自分のスキルや経験だったり、人脈だったりと、さまざまです。もしそれらの最低条件を揃えていないと電車に乗ることはできません。もちろん、電車によって切符はすべて異なります。

もしあなたが、何が課題でどうすればよいかがわかっていても、切符を持っていなければ、チャンスに飛び乗ることはできません。

そして、もうひとつ重要になるのが電車の出発時刻、つまりタイミングの問題です。

ビジネスの世界には、定められた時刻表はありません。自分の予測に基づいて、電車がやってくるタイミングを読む必要があります。タイミングが、すべてを決めます。

だからこそ、未来が読める「だけ」では価値はないのです。その恩恵にあずかるためには、未来に向かう電車がくるタイミングで、必要なリソースを揃えて、駅のホームで待っていなければなりません。
そのためには、まず自分が持っている手持ちのカードをきちんと把握し、電車がくるまでの残り時間のなかで、足りない条件を揃える必要があります。

電車がやってくるタイミングが近づけば近づくほど、同じことを考えてホームで待つ人は増えます。その結果、一人ひとりが得るリターンは減少します。一方、そのタイミングが遠ければ遠いほど準備している人は少なくなり、リターンは大きくなります。競争が激化する前に参入障壁をつくり、先行者利益を享受することもできます。しかし、そのためには長い期間準備するための経済的余裕が必要になります。どのアクションが最適かは、そのあたりを加味して判断しなければいけません。

タイミングは、周囲の人の反応が教えてくれる

では、いかにしてそのタイミングを読めばいいのでしょうか。

その方法を考える前に、まず大前提として知っておいてほしいことがあります。完璧にタイミングを読むことは、絶対にできません。世の中の不確実性をすべて読み切ることは人間には不可能だからです。

しかしタイミングにはある程度「バッファ」があります。重要なのは、誤差をこの「バッファ」内に収めることです。

タイミングが適切かを読むための最もよいリトマス試験紙となるのが、周囲の人の反応です。結局、人間同士がビジネスを繰り広げる以上、タイミングとは相対的なものでしかありませ

ん。早いか遅いかは、潜在的な競合との関係性で決まるのです。

新しいもの好きのギークのみが熱中していて、他の人に話しても8割が聞き返してくるようなテーマは、まだ少し早いでしょう。できるだけサンプルに偏りがないよう、さまざまなタイプと属性の人にそれとなくヒアリングを重ね、反応を観察してみるとよいでしょう。

逆に、マス向けの新聞、雑誌、テレビなどのメディアで頻繁に取り上げられているようなら明らかに遅く、そこからアクションをとっても間に合いません。

最後に注意点があります。それは、若く経験もリソースも乏しい「持たざる者」と、リソースの豊富な「持てる者」ではベストなタイミングが異なるということです。

持たざる者は競争になれば資金面では必ず負けます。そのため、できるだけ早いタイミングで参入する必要があります。後から「持てる者」が参入してきても勝てるだけの力を、先行者

最後に注意点があります。
それは、若く経験もリソースも乏しい「持たざる者」と、
リソースの豊富な「持てる者」では
ベストなタイミングが異なるということです。

利益を享受できる間に蓄えられるかが、勝負を決めます。

一方で、「持てる者」は、リソースが豊富にある分少し遅くても間に合います。成功確率を高めるためには、「持たざる者」の動向を探りながら、その企業が体力を付ける前に後ろから一気に攻め落とすのが上策です。

2

未来予測の技法

常に原理から考える

未来を予測するときにまず行うことは、そもそもの原理を考えることです。そして、原理を考えるためには、対象となるシステムがどのような「必要性」を満たすために生まれたかを、その歴史をふまえて見ていきます。

現在の景色だけを見て議論しても、それはただの「点」にすぎません。長期的な変化を「線」として捉えるためには、歴史をふまえて考える必要があります。

世の中の製品・仕組み・サービスなどはすべて何かしらの必要性に迫られて誕生しました。しかし、時間が経つと、その当時最も効率的だと思われた選択肢であっても、実態に合わない

長期的な変化を「線」として捉えるためには、歴史をふまえて考える必要があります。

時代遅れなものとなります。

近代以前、世の中の変化はゆっくりとしていたため、同じ方法を採り続けても問題はありませんでした。生涯仕事が変わることはなく、場合によっては何世代にもわたって同じこともありました。

しかし、現代では、私たちのライフスタイルは、生きているうちに何度も変わります。かつてのように、今までやってきたことをこれからもやり続けることは、リスクが高いのです。常に世の中の変化に目を配り、自分が今やっている活動がその変化と合致しているかをチェックしなければいけない時代を、私たちは生きています。


手段が目的化することを防ぐためには、今やっている活動がどんな課題を解決するために誕生したのか、常にその原理を意識する必要があります。その課題を解決するための、より効率的な方法が存在するのであれば、今の活動を続ける意味はありません。

「原理」とは船が海に流れていかないようにするための碇のようなものです。原理に常に立ち返ることができれば、自分の乗った船が流されることはありません。

すべては「必要性」からはじまる

「イノベーションこそが今の時代に必要だ」という意見は、業界を問わずよく耳にします。イノベーションが社会を変化させるということについて、おそらく異論はないでしょう。しかし、その割には日本で次々にイノベーションが起こっているようには思えません。イノベーションは、何を原動力に生まれるのでしょうか。

以前、イスラエルに行った際、とても印象に残ったことがありました。

イスラエルは人口わずか850万人程度の小さい国ですが、ナスダック[※16]に上場する企業はアメリカの次に多いという不思

※16
ナスダック
ベンチャー企業やハイテク企業が多く上場する、全米証券業協会（NASD）が開設した市場。

議な国です。実は、イスラエルは知られざるイノベーション大国で、第二のシリコンバレーとも言われています。

たとえば、Googleが約10億ドルで買収した人々のリアルタイムの口コミを使ったカーナビアプリ「Waze[*17]」はイスラエル発のスタートアップです。その他にも、楽天が9億ドルで買収した、世界9億人以上の利用者を誇るメッセンジャーアプリの「Viber[*18]」も同じくイスラエル発です。

シリコンバレーのスタートアップであると対外的に見せていても、本社機能はイスラエルにあり、シリコンバレーのほうが支店というケースもよく見られます。

私は、一度現地のベンチャーキャピタリストに、「どうして人口800万人の国が、こんなにうまく、継続的にイノベーションを生み出せるのか?」と聞いてみたことがあります。

すると、とてもシンプルな答えが返ってきました。「Necessity（必要性）」だと。

✻ 17
Waze
ユーザー同士で渋滞情報を共有し、最適なルートを提案するカーナビゲーションアプリ。

✻ 18
Viber
無料通話・メッセージアプリ。

中東は政治的な緊張関係があり、周辺国とも争いが絶えません。そのため政府・民間・大学・軍など全員が協力して収入を確保し、アメリカをはじめとする諸外国への影響力を保ち続けなければ、国として危機に陥ってしまいます。つまり、イノベーションを起こすための必要性が、どこより切実に存在しているのです。

この人口わずかな国が、イノベーションを起こし、ノーベル賞を受賞し続ける根底には、切実な「必要性」がある。

これと同じように、すべてのテクノロジーもまた、その誕生の背景には「必要性」があります。火も文字も電気も、生存するうえで必要だったからこそつくり出されたものです。また、生物の進化も、すべて基本的にはこの「必要性」に基づいています。一見変な形をしている昆虫や動物も、すべてその環境に適応するために必要な進化を遂げた結果なのです。

イノベーションの正体

ここで、注意しなくてはいけないことがあります。それは、イノベーションは、テクノロジーという視点だけから生まれるものではない、ということです。

たとえば、テクノロジーの流れだけを追っていって考えついたものや概念があったとして、それを社会がまったく必要としていないのであれば、それが普及することはないでしょう。資金も人材も投下されることはないからです。

逆に、社会のニーズが高まっていても、それを解決するテクノロジーが開発されていなければ意味がありません。

急速に普及するものや概念は、テクノロジーの視点と社会の視点の両方が重なった地点にあるといえます。どちらからのア

急速に普及するものや概念は、テクノロジーの視点と社会の視点の両方が重なった地点にあるといえます。

プローチでも問題ないのですが、片方だけでは意味をなさないのです。

「社会」というフィルターだけを通して見ると、イノベーションは、強烈な天才のひらめきによって起こるという印象を受けます。

しかし、これにテクノロジーという視点を加えると、イノベーションとは「適切なタイミングで適切なことをする」行為だといえます。


現在の技術的な限界地点を見極めて、それと社会の需要が重なる瞬間に適切なプロダクトを投下する。

そのためには、資金・人材・ノウハウなどが揃っていることが必須となりますが、これは針の穴に糸を通すような作業で、すべての要素があらかじめ用意できているなどということは、

イノベーションとは
「適切なタイミングで適切なことをする」行為

確率的にまずありえません。

イノベーターと呼ばれる連中は、強烈な個性の持ち主であることが多いのですが、それは、不足している要素を無理やりなんとかする能力の持ち主だからなのだと思います。

イノベーションが難しいとされるのは、技術的な限界地点の見極めと社会の需要の両方を読み切る嗅覚と、適切なタイミングでプロダクトを投下する腕力が求められるからではないでしょうか。

テクノロジーの進歩と社会の変化に潜むパターン

第1章で紹介したとおり、テクノロジーの進歩は川のような連続したひとつの流れであり、テクノロジーの進歩と社会の変化には、一定の規則性や法則性、すなわち「パターン」が存在する。私はこのようなことを仮説として持っています。

たとえば、ＩＴの黎明期から近年の普及プロセスを見ていると、電気の普及プロセスとよく似たパターンを描いていることに気づきます。明かりを照らす電球とつながっていた電気は、その後さまざまなものとつながっていきました。これは、あらゆるモノがインターネットにつながるIoTとそっくりです。

最初は一部の人間のニーズを満たす便利なツールとして誕生し、やがてそれが人間のほうを教育しはじめるという点もそっくりです。言葉、お金、書籍などもこのパターンによく当てはまります。このように考えていくと、社会やテクノロジーの出発点と到達点というのは、案外あらかじめ決まっているのではないかとさえ思えてきます。

こうしたパターンが完全に解明される日がきたとき、人類や社会がどのように進歩していくかを予測できるようになるかもしれません。

ここでいくつか、これまでに私が見出してきたパターンを、それに従う具体的な事例や未来予測とともに紹介していきます。

こうしたパターンが完全に解明される日がきたとき、人類や社会がどのように進歩していくかを予測できるようになるかもしれません。

パターン1　あらゆるもののエントロピーは増大する

電気とインターネットに共通して見られるパターンについて、もう少し深く考えてみたいと思います。

今や、あらゆる物体をインターネットに接続することが可能になりつつあります。携帯電話（スマホ）の次は、時計（スマートウォッチ）、テレビ（スマートTV）、家（スマートハウス）、果ては道路まで。世界中のモノとモノ同士が通信しはじめています。

電気の普及も、これとまったく同じプロセスをたどりました。

電力は、電球からはじまり、最終的には発電所の送電により家のなかのあらゆる物体とつながり、動力を持つに至りました。うちわは扇風機になり、ほうきは掃除機になりました。

電気やインターネットのこのような性質の背景にあるのが、熱力学や統計力学の世界における「エントロピー増大の法則」です。この法則は、世界（自然）が時間の経過とともに、秩序のある整然とした状態から無秩序で混沌とした状態へ変わっていく現象を指すものです。

テクノロジーも、時間の経過とともに、シンプルなものから複雑化していき、部屋を飛び出し、多方向へ侵食を繰り返していく性質があります。

私たちにとってなくてはならない存在になりつつあるスマホは、エントロピー増大の法則に従って複雑化したデバイスだと捉えることができます。「ネットにつながった電話」というのが一般的なイメージだと思いますが、コンピュータの進化という文脈から見たときには、「電話機能の付いた超小型コンピュータ」という、高度に複雑なデバイスと捉えることができるのです。

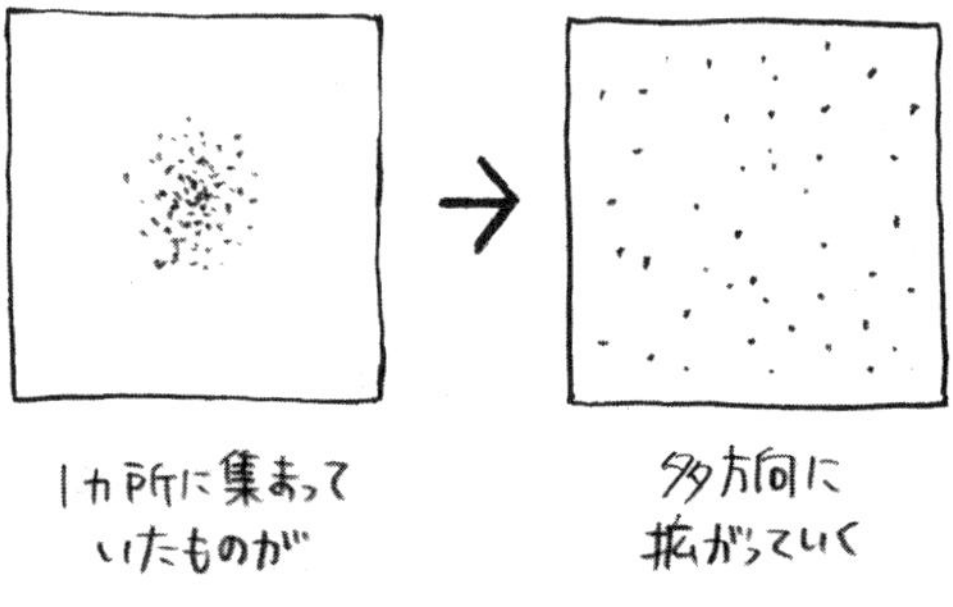
1カ所に集まっていたものが
多方向に拡がっていく

3
エントロピー増大

パターン2　あらゆるものに知性が宿る

まずはあらゆるところにセンサーが

エントロピーの増大は多くの物事に当てはまるパターンであり、今後IoTがますます進んでいくというのもその具体例のひとつです。なかでも注目すべきは、センサーの拡散です。✎4

私たちは視覚、触覚、聴覚などの五感を通して外界の情報をインプットしています。これは機械も同じで、この五感の領域をセンサーが担っています。

スマホのタッチパネルを触ると画面が起動するのは、端末内にセンサーが埋め込まれているからです。これは、人の「触覚」の代替だといえるでしょう。

スマホのカメラでも高機能なものは、人の顔を識別して自動

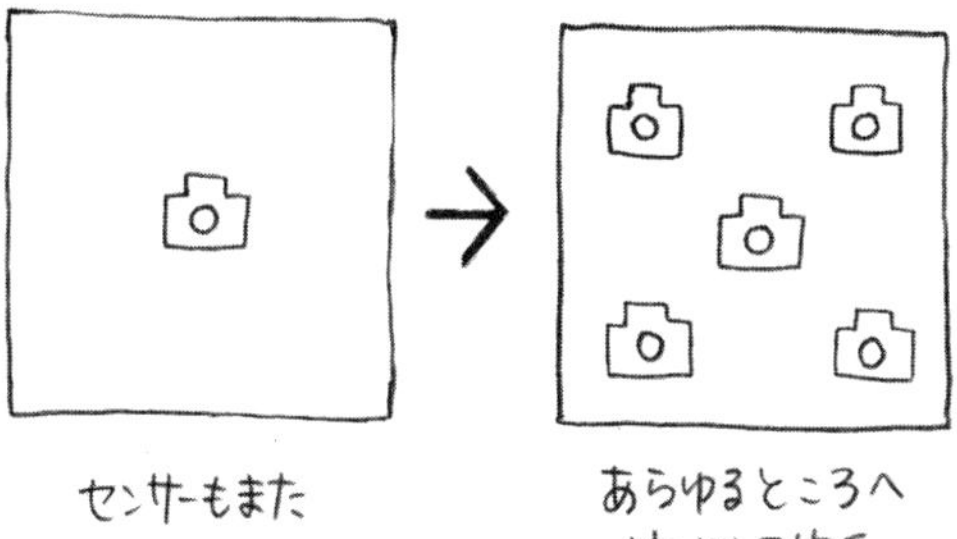
センサーもまた
あらゆるところへ
拡がってゆく

✎4
あらゆるところに
センサー

的に補正をかける機能がついていますが、これらは人の「視覚」を代替するタイプのセンサーです。

GoogleやSiriに代表されるスマホの音声検索は、いうまでもなく「聴覚」を代替するものです。人間の音声を認識して文字に置き換え、処理をしています。

こう見ると、スマホがいかに人間の五感を拡張する役割を担っているかがわかります。スマホに限らず、熱や光や重量をセンサーが認識してドアを開閉する「自動ドア」など、私たちの日々の暮らしには、すでにセンサーがあふれています。

人間の「五感」を拡張したものが、人間の身体の周辺（スマホ）からはじまり、今後は室内（スマートホーム）を飛び出て生活のあらゆるところに埋め込まれていくことになります。人間の目、口、鼻、皮膚などが、センサーという形をとって社会のいたるところに埋め込まれていくのです。

しかも、それぞれがインターネットに接続されているため、ハードウェア同士の複雑な連携が可能になります。

たとえば、監視カメラと指名手配犯のデータベースが連動していれば、顔認識機能を仲介して自動で通報ということも可能になるでしょう。

センサーとして埋め込まれた人間の「五感」が検知する情報は、インターネットを通して、クラウド上に蓄積されます。そして、人工知能が情報を分析し、センサーを搭載した端末に指示を出します。これは、人の身体と脳の関係に非常に近い構造です。

人間は、視覚や聴覚などの五感を通して得られる情報を脳に集約し、さまざまなパターンを認識したり、手や足などの各器官に指示を出したりしています。この構図において、クラウド上のAIは脳、端末は手足などの各器官と捉えることも可能です。

センサーから知能へ

軍事産業からはじまり商業利用へと進出したインターネットは、その後一般家庭にも浸透していきました。そして、ネットは今、さまざまな物体とつながりはじめています。ここから確実に到来が予想されるパターンが、あらゆる物体に「知性」が宿ることです。

これは、モノのインターネット化のさらにもう一段階先の話です。✏5

ネットにつながっている端末の数は、2020年までに300億台に増加すると予測されています。これから「スマート○○」と呼ばれる端末は加速度的に増えていくでしょう。それに伴い、膨大なデータを学習した人工知能が、ますますその判断

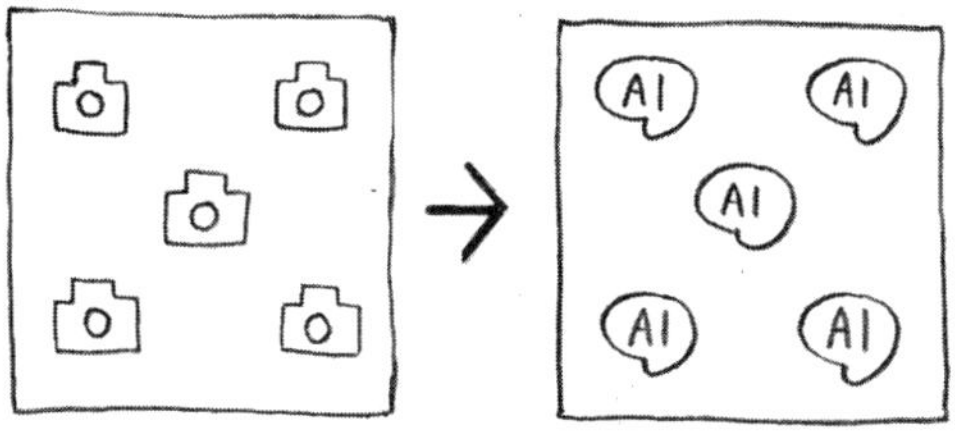

✏5
センサーから知能へ

の精度を高めていきます。

精度を高めたＡＩは、ハードウェアをコントロールするようになるでしょう。この段階で、インターネットにつながっている物体には、「知性」が宿るようになります。

知性の発達のプロセスには、４つの段階が存在します。

①膨大な情報を蓄積する
②蓄積された情報から人間が手動で改善につなげる
③蓄積された情報から人間がパターンを抽出し、そのパターンをシステムに検知させ改善につなげる
④パターン認識も改善のための判断もすべてシステムが行う

単にモノがインターネットにつながっただけだと、それは情報収集のためのデバイスにすぎません。これは、①〜③までしか担うことができません。しかしクラウド化されたＡＩが④ま

でこなせるようになれば、それはもはや「知性」と呼ぶことができます。

こうして、ネットにつながって情報を送受信するセンサーにすぎなかったモノは、自律的に学習して行動する、知性を持った存在に変化していくでしょう。

意思決定が省略される

私たちが普段接している物体に知性が宿ると、私たちの暮らしはどのように変わるでしょうか。

まず、単純作業はすべて自動化が進みます。これはかなり早い段階で実現されるでしょう。すでにGoogleやテスラモーターズはドライバー不在で走行する「自動運転車」の実用化に向けて動き出しています。

ひとたび自動運転が実現すれば、乗車する人の帰宅時間や移

こうして、ネットにつながって
情報を送受信するセンサーにすぎなかったモノは、
自律的に学習して行動する、
知性を持った存在に変化していくでしょう。

動経路を学習し、自動で迎えにきて、何も言わずとも目的地まで連れていってくれるなど、運転すること以外の作業もどんどん自動化されていくでしょう。

店舗の接客やレジなどの単純作業も、自動化が確実に進む分野です。何をもって単純作業とするかは、「マニュアル化可能かどうか」がひとつの判断基準となります。マニュアル化できる、つまりルールが決まっているのならプログラムを組むのにこれほど楽なことはありません。クラウド側でリアルタイムに情報を書き換えれば、全店舗のオペレーション変更が一瞬で完了します。

他にも、家やオフィスでは電気のオンオフから室内の温度調整までクラウド上のコンピュータが生活のパターンを学習して、自動的にやってくれるようになるでしょう。さらには、腕時計がネットにつながれば自分の健康状態をリアルタイムで把握して、異変があれば知らせてくれることだって可能になります。

インターネットがさまざまなデバイスとつながっていくこと、それはこれまでデータとして計測できていなかったあらゆるデータの収集が可能になることを意味します。そしてその延長にあるのが、「意思決定の省略」です。

休日のデートプラン、最も相性がよい転職先、結婚相手の選択、果てはどこに資本を投下するべきかという経営判断まで、すべてのシーンにおいて、よい結果をもたらす確率の高い行動を、システムが教えてくれるようになります。

今後、人間は持って生まれた脳以外に、外部にあるいくつもの「知性」を使いこなし、それに寄り添って生きていくことになるでしょう。

そもそも「自分以外の知性の活用」自体は、特に目新しい現

そしてその延長にあるのが、
「意思決定の省略」です。

象ではありません。人間は文明を発展させるなかで、祖先の知性を書物という形で子孫に残し生存確率を高めてきました。今では、Googleのような検索エンジンにより、活用できる知性の範囲は一気に広がっています。

しかし、どんな情報が自分にとって大事であり、何を知るべきなのか、という優先順位までは既存の検索エンジンは教えてくれません。今後は、他人の知性の活用から一歩進んで、私たちが検索する前に最適な答えを与えてくれる、能動的な「知性」が誕生するでしょう。そして、そのキッカケとなるのが、自律的に学習して行動するコンピュータである人工知能（ＡＩ）の発達です。

モノに宿るは人工知能の知性

あらゆるデバイスがネットにつながれば、そこから発生するログのデータは膨大な量になります。これらのエクセルでは処理しきれないデータは数年前から「ビッグデータ[*19]」と呼ばれるようになり、ビジネスの効率化につながるのではと期待されました。

ただ、実際にはビッグデータを活用して価値を生み出せている企業は多くありませんでした。取り組みたいと考えているものの、どうしたらよいかわからないというのが現状です。

しかし、ここにきてビッグデータはある方向に活路を見出しました。それが人工知能（ＡＩ）です。

この言葉は、さまざまな立場の人が、異なる定義で使用してきました。ＡＩは、未来の社会を考えるうえで非常に重要な要素になりますので、ここでその歴史的経緯と今後の展望を簡単に整理しておきましょう。

人工知能の構想自体は新しいものではありません。人間の知

＊19
ビッグデータ
従来のデータベース管理システムでは処理しきれないほど巨大で複雑なデータ。

能を再現しようとする試みは、50年も前から行われてきました。当時、研究者は大きくふたつの立場に分かれていました。「強いＡＩ」派と「弱いＡＩ」派です。

「強いＡＩ」派とは、知能を再現するためにはまず「人間の精神とは何か」という問いを解き明かし、そのうえでその精神をプログラムにより再現しなければならない、と考える立場です。

一方「弱いＡＩ」派は、「人間の精神とは何か」という問いはあまりに難しく解けないので、結果として人間と同じようにふるまえるのであれば、それを「知能」と呼んでもいいではないか、と現実的に考えます。

長年の論争の末、現在、人工知能といえばそのほとんどは弱いＡＩを指すようになりました。人間の精神は非常に複雑で、その構造を理解し、さらにそれを再現するという強いＡＩの考えは、現時点ではまだ現実的ではありません。

人間の精神は非常に複雑で、その構造を理解し、さらにそれを再現するという強いAIの考えは、現時点ではまだ現実的ではありません。

弱いＡＩにおける知性は、統計学の延長にあります。
それは、
①膨大なサンプルデータをコンピュータに学習させ
②そこから一定のパターンを見つけ出し
③そのパターンから将来を予測し
④次のアクションを実行させる
というものです。

私たちも何かを実行するときは、
①学習
②パターン認識
③予測
④実行
という４つのプロセスを通過しています。

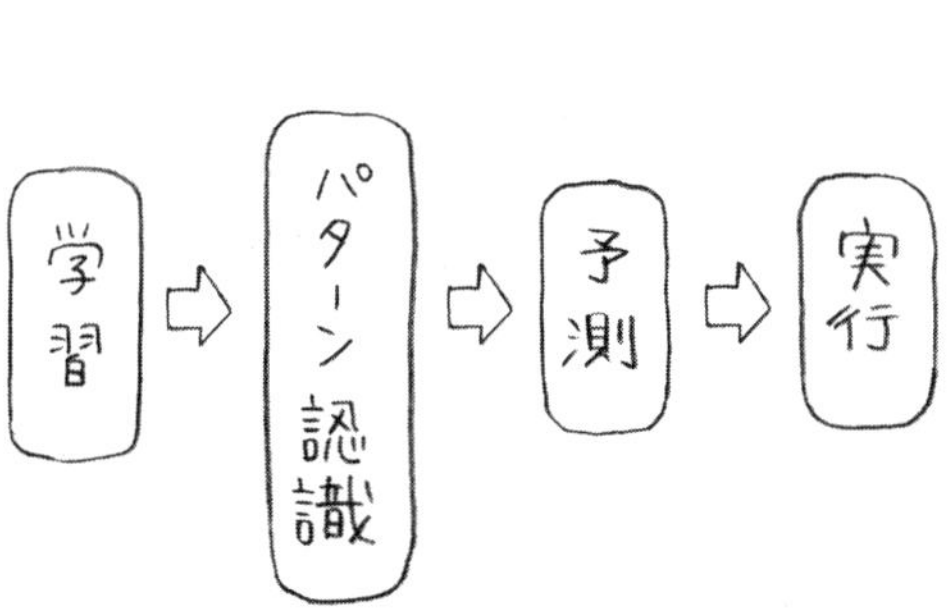

6
知性の中身

私たちが無意識で行っているパターン認識を機械にさせるためには、膨大な量のサンプルデータが必要になります。かつては何百何千のサンプルをかき集めるのにも、それを分析するのにも莫大なコストがかかりました。

しかし、ここ20年のインターネットの急速な普及により、サーバー上に膨大なログデータが蓄積されるようになりました。また、コンピュータは高性能化・小型化していき、高い計算処理能力を持つコンピュータが安価で購入できるようになりました。

このふたつの変化により、人工知能は再び注目を集めるようになります。もはや膨大なサンプルデータを集めるのにも、それを分析しパターンを抽出するのにも、以前ほどのコストはかかりません。ここにきて、活用されていなかったビッグデータは、人工知能という出口を見つけたのです。

そして最近、人工知能の世界にもうひとつ新たなブレイクスルーが起こりました。ディープラーニング（深層学習）という、既存の機械学習の欠点を補う手法が考案されたのです。

従来の機械学習においては、いくら計算能力が高まっても、「特徴量」と呼ばれる、概念そのものを認識するための変数を人間が考えなければなりませんでした。

たとえば、機械に人間を認識させるときに「頭がひとつで、目がふたつあり、鼻と口がひとつ、手足が2本……」という人間の「特徴」を変数として設定して機械に教え込む必要がありました。結局のところ、どんなデータを学習させ、どの指標を見るべきかが人間に依存していたため、自動化できていなかったのです。

しかし、ディープラーニングは、人間の手を借りずに、「特徴量」そのものを自動で抽出することを可能にしました。

ディープラーニングは、人間の手を借りずに、「特徴量」そのものを自動で抽出することを可能にしました。

ＡＩは、現段階ですでに「広告の効果を最大化する」「個人に最適な情報をレコメンドする」「将棋のゲームで勝つ」など、単一の目的に特化した作業においては、人間以上の能力を発揮しています。一方で、複雑な状況を理解して最適な判断をする汎用的な知性としてはまだまだ課題が山積みです。

しかし、ここ数年の目覚ましい進歩と資金の流入を見れば、人工知能の開発が今後急速に進むことは間違いありません。かつてはＳＦの夢物語だった「計算だけではなく意思決定までする機械」は、いよいよ現実のものになりつつあります。

そして、この知性が、今後あらゆるものに宿っていくことでしょう。

パターン3　ネットワークはピラミッド型からはじまり、ハブ型、そして分散型へ

経済や社会について考えるときに有効なのが、ネットワークのあり方です。過去から現在に至るまで、ネットワークがどのようなパターンを描いてきたか、社会の類型の遷移を具体例に紹介したいと思います。

1）ピラミッド型の封建社会✏7

近代以前は封建社会が世界の主流でした。王様や貴族といった特権階級が存在し、その下に市民・平民・奴隷といった身分が存在し、人々は身分に縛られていました。職業も、結婚相手

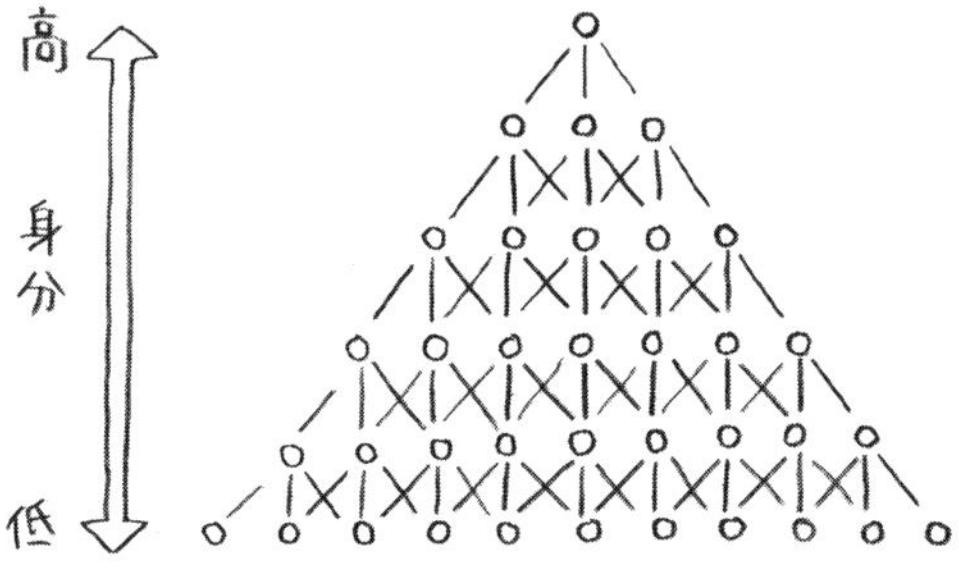

✏7
ピラミッド型の封建社会

も、すべて身分によって制限されており、個人に選択の自由はありません。どの家庭に生まれたかによって身分が決まるので、封建社会においては「血」が社会システムの基礎だったといえます。

このシステムは、17世紀中頃から、欧州を中心に、王制に対する革命という形で崩れていきます。イギリスでは清教徒革命と名誉革命が、フランスでは絶対王政の打破を掲げた市民革命が起こりました。

このとき掲げられた自由・平等といった概念は現代でも多くの国の政治の土台になっています。この頃からデモクラシー（民主主義）の概念が広まっていき、また、ほぼ同時期に産業革命により、都市部の工場を中心に資本主義が普及していきます。この民主主義と資本主義というダブルパンチによって、王様や貴族を頂点とした社会システムは完全に崩壊しました。この時代以降をここでは近代と呼ぶことにします。

2）ハブ型の近代社会 ✏8

今私たちが生きている社会で共有されている価値観の基礎のほとんどが近代につくられました。今は当たり前に受け入れられている自由や平等といった概念は、1000年前には存在すらしていませんでした。封建時代に王様と奴隷が平等であるなどと主張したら、命はなかったでしょう。私たちが当然としているものの多くは、他の時代において当然ではなかったのです。自由や平等といった価値観と同様に、義務教育、銀行、警察、図書館、国会、選挙など、今当たり前にある社会システムの多くがつくられました。そして、これらが整ったことで、社会は以前よりフラットな構造へと変わっていきました。

近代の社会システムは「情報の非対称性」すなわち、「誰もが

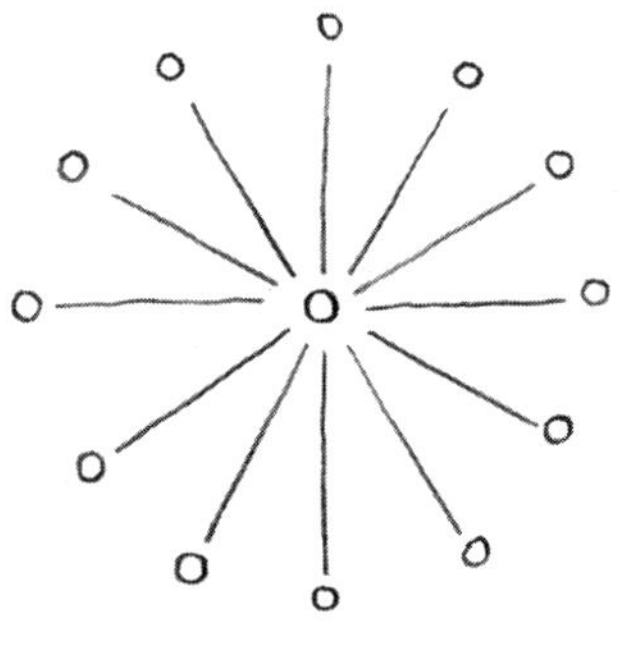

✏8
ハブ型の近代社会

同じ情報を容易には共有できない」ことを前提につくられていました。

かつて、貴族・王族・聖職者は高いレベルの教育を受け、多くの情報を保有していましたが、市民や農民は文字の読み書きすらできず、情報にアクセスできませんでした。

すると、社会システムは結果的にハブ型の構造となります。ハブとは通信回線のネットワークをつくるときにその中心になる集積回路の名称ですが、もともとの由来は「車輪の中心」を意味します。

近代においては、どこか一カ所に中心をつくり、そこに情報を集めて誰かが指示を出すという形が、最も効率的でした。情報を掌握し、全員に業務を命令することのできる「代理人」が権力を握ります。

民主政治はまさにその代表例です。地域の最も適切な代理人を選び、議会に出し、利益を代弁してもらう。行政は国民の代理人となり、議会で決まった内容を執行します。
中央銀行も国家の通貨の供給量をコントロールするハブですし、学校もまた親の代わりに子どもに教育をするハブ、企業は株主の代わりに資本を増やすためのハブです。

情報の伝達コストが高く、スピードが遅かったために、さまざまなハブをつくり代理人を立てて「伝言ゲーム」をしていた。これが近代の基本構造です。実は、今私たちが暮らす社会も、多くはまだ「情報の非対称性」を前提に運営されています。

3）分散型の現代社会

近代につくられた社会システムの多くは今も残っていますが、その前提となる情報の非対称性が、少しずつ崩れてきています。インターネットにより、情報の伝達は限りなくリアルタイムに、

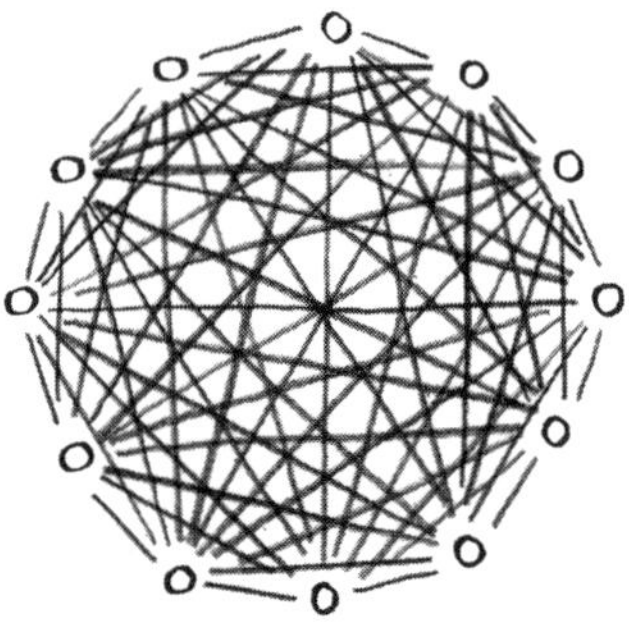

9
分散型の現代社会

そして、コストは無料に近づいています。今後も、情報の非対称性が薄れ続けていくことは間違いありません。

では、情報技術の発達によって訪れる「新しい社会構造」とはどういうものになるのでしょうか。

まず考えられるのは、分散型の社会システムへの変化です。分散型とは、中心が存在しないことを意味します。近代のハブ型社会のように代理人に情報を集約させなくても、それぞれのノード同士がすぐに情報を交換できるのであれば、ハブが存在する意味はありません。むしろ、ハブに情報を集約させることのほうが、コストが高くなります。

具体例としては、たとえばＥＣ[※20]があります。Amazonや楽天などのＥＣサービスが登場する前は、卸売業者がメーカーと

※20
EC
電子情報のやりとりによって商品やサービスの売買を媒介すること。

小売店を仲介することで、商品の流通におけるハブになっていました。メーカーにとって無数に存在する小売店すべてとコミュニケーションをとって取引するのは手間ですし、小売店にとっても、メーカー各社とやりとりするのは手間です。

結果的に、卸売業者は、やりとりを一括管理することで、流通に対する影響力を持つようになりました。ハブ型のモデルは、自然と中心の代理人に権力が集まる構造になっているのです。

しかし、ネットにより、メーカーは卸売業者どころか小売店すら飛ばして直接商品を消費者に届けられるようになり、仲介業者の影響力は下がりました。

また、ネットの本質は個々のノードをダイレクトにつなげることですから、BtoC[*21]ではなく、CtoC[*22]という形で、企業を介さずに消費者同士で経済活動を完結させてしまうことも可能です。

＊21
BtoC
企業（business）と消費者（consumer）の間での取引。オンラインショッピングなど。

＊22
CtoC
一般の消費者同士の、インターネット上でのものやサービスの取引。フリマアプリやクラウドソーシングなど。

これまでつながっていなかったノード同士が相互に結びつくことで、情報のハブであった代理人の力が徐々に失われていくというのが、これからの社会システムの変化を見通すうえでの重要な原理原則です。

社会が変化するスピードは
①消費者、②法人、③行政・司法

社会全体がハブ型からネットワーク型のネットワークへと変化していくのは、効率性の面からも必然といえますが、その変化のスピードは領域によって異なります。

一般消費者向けのサービスの領域では、意思決定者は消費者一人なので、最も速く変化していきます。消費者は、触ってみて便利なら使う、というシンプルな原理で動いています。

法人同士の取引の場合にはもう少し時間がかかります。法人においては意思決定者が複数にわたるので、その分決定までのプロセスが増えてしまいます。また、必要となるリソースが個人と比べて大きくなるため、変化に慎重になり、スピードが落ちます。少なく見積もっても、消費者の5倍は遅いはずです。

行政や司法となると、変化のスピードはさらに落ちます。ひとつの意思決定がその地域で生活する人々すべてに影響を与えるので、より一層慎重にならざるをえません。また、利害関係者が企業よりもさらに膨大になるので、各所との調整に多大な時間が費やされることになります。

一般消費者の感覚と行政が行う意思決定がかけ離れたものになる構造的な要因は、ここにあります。

どの領域で活動するかによって変化のスピードはバラバラなので、自分がいる場所の変化の速さを考えながら対応していくことが重要です。変化のスピードは、速い順に①消費者、②法人、③行政・司法です。

パターン4 テクノロジーは人間を拡張する

そもそもテクノロジーとは何のために生まれたのでしょうか？　石器にはじまりインターネットに至るまで、すべてのテクノロジーは、何らかの形で人間の持つ機能を拡張してきました。

斧や弓が、手の持つ機能をそのまま拡張したものだというのはイメージしやすいでしょう。文字や書籍は、個体の脳内で完結していた情報を物体に記録することで、他の個体にも共有可能にしたという意味で、頭脳の拡張だといえます。

テクノロジーは常に、人間の能力を拡張し、一個体だけではできないことを実現可能にしてきました。テクノロジーの規模が大きくなり、そのメカニズムが複雑になるにつれ、何を拡張しているのかが実感しづらくなりますが、その本質は変わりません。

石器にはじまりインターネットに至るまで、すべてのテクノロジーは、何らかの形で人間の持つ機能を拡張してきました。

蒸気や電力は人間の手足の動力そのものを何万倍にまで拡張させるテクノロジーです。✒10

一方で、コンピュータやインターネットは、電力や蒸気とは根本的にまったく違う方向に人間の機能を拡張しています。その本質は、「知性の拡張」です。

コンピュータが発明されたことによって、人類は個体の脳をはるかに超える計算能力を手に入れ、インターネットによってリアルタイムで他人とコミュニケーションがとれるようになりました。蒸気や電力といったテクノロジーが現実世界における「動力革命」だとすれば、コンピュータは脳内における「知性革命」ということができるでしょう。

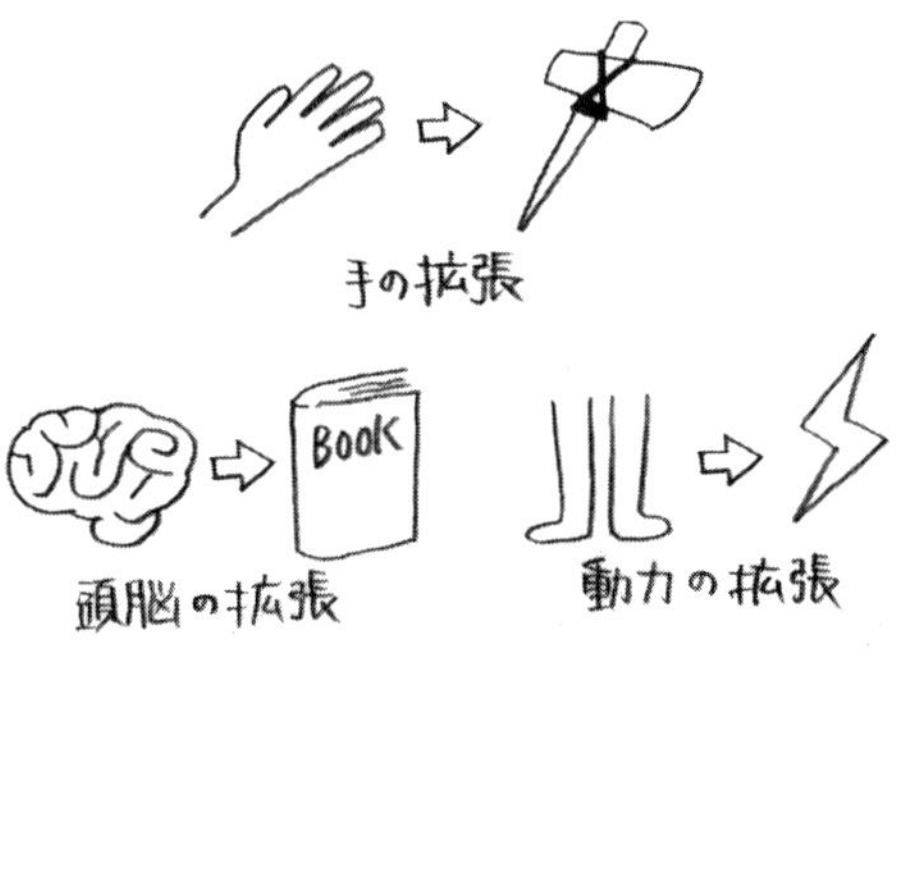

✒10
人間の拡張

人工知能は私たち人間を再定義する

最近活発に議論されているテーマが、「シンギュラリティ（技術的特異点）」です。シンギュラリティとは人工知能が人類の知性を超えるポイントを指し、レイ・カーツワイルという学者はこれが２０４５年にやってくると主張しました。

人によってはさらに進んで、「人工知能は人間を滅ぼす」「人間は終わりだ」という話をすることさえあります。

人工知能は、人間にとって代わるのでしょうか？

テクノロジーが今後指数関数的に進歩していくこと自体は間違いないでしょう。テクノロジーの発達は、次々に新しいテクノロジーを誘発する性質があります。コンピュータの発明はインターネットの誕生を誘発し、インターネットの誕生はスマホ

蒸気や電力といったテクノロジーが現実世界における「動力革命」だとすれば、コンピュータは脳内における「知性革命」ということができるでしょう。

やスマートウォッチの誕生を誘発しました。テクノロジーの発達の連鎖によって、進歩の速度はどんどん加速していきます。

テクノロジーが人間を拡張するものだとすると、人工知能と人間を対立軸で考えることは適切ではありません。

今後、テクノロジーの進歩によって、「機械の人間化」と「人間の機械化」が同時に進んでいくはずです。人間という存在そのものがテクノロジーによって変化していくのです。

「人間の機械化」と「機械の人間化」が進んでいけば、いずれどこかでそれらが交わる瞬間がやってきます。そのときにどこまでを「人間」と呼び、どこまでを「機械」と呼ぶのかは、とても難しい問題です。

生物は基本的には怠け者で、より快適でより楽な道を選びます。それを少しずつ可能にしてきたのが、テクノロジーの進歩

今後、テクノロジーの進歩によって、
「機械の人間化」と「人間の機械化」が
同時に進んでいくはずです。

の歴史です。

その終着点において、人間か機械かという境界線を設ける意味は消えてしまいます。知性まで再現可能になったならば、人間を人間たらしめる独自性はもはやありません。

テクノロジーは、最終的には人間そのものと融合することが宿命づけられているのです。「残るのは人工知能か、人間か」という単純な対立軸で考えるべきではありません。


人工知能の発展は、人間そのものの再定義を進めていきます。現在の知能を超える知性を人工知能が獲得したとき、人間のあり方もまた、変わっていくはずです。

知性のメカニズムが完全に解明されたとき、機械が知性を獲得するだけでなく、人間の知性も大きく進歩する可能性があるからです。

人間の脳の機能には限界があります。機械のように何億人という人の顔写真を記憶しておくことも、10桁以上の掛け算に一瞬で答えることもできません。しかし、脳や知性がどのように働いているかを完全に解明できれば、薬や手術によって脳の処理能力を機械に近づけることも、理論的な可能性としては存在します。

現在の私たちが立っている地点から考えれば、人工知能は人類にとっての脅威と感じられるかもしれません。しかし、テクノロジーの描くパターンを当てはめて考えていくと、人工知能によって私たち自身が拡張していくのであって、置き換えられるわけではないことが見えてきます。

パターン5　テクノロジーは私たちを教育しはじめる

テクノロジーには、時を経ると私たちを教育しはじめるという性質が備わっています。新しいテクノロジーが社会に普及してしばらく経つと、今度は私たちのほうがそのテクノロジーに合わせて生活スタイルを適応させていくようになります。この状況は、まるでテクノロジーが私たちを教育しているかのようです。

もともと、貨幣はあらゆる物々交換の非効率を解決するために生み出された「テクノロジー」でした。現代を生きる私たちには、貨幣がテクノロジーと言われても不思議な感じがしますが、価値を保存しておくことができなかった時代においては、貨幣の誕生は革命的な変化だったことが想像できます。

新しいテクノロジーが社会に普及してしばらく経つと、今度は私たちのほうがそのテクノロジーに合わせて生活スタイルを適応させていくようになります。

そして、その誕生からしばらく経ち、資本主義が普及したあたりから、貨幣は私たちを教育しはじめました。現代人の価値判断基準の中心には、必ず貨幣が存在しています。

食事や住居の確保など、人類の生存確率を高める行為を貨幣により確保できるようになると、あらゆる価値を貨幣に換算して物事を考えるほうが楽になりました。それまで漠然としていた「価値」という概念が、貨幣によって数値化され、比較可能になったため、貨幣を中心に損得の判断を計算するほうが効率的になっていきました。

貨幣は、当初私たちの物々交換を効率化するためのテクノロジーでしたが、今では価値判断基準そのものに影響を与えています。

私たちは、課題を解決するテクノロジーを発明していきます。時を経るにつれてそのテクノロジーは社会構造に深く組み込まれていき、いつしかそのテクノロジーの存在自体が私たちの精神や行動を縛るようになります。それはまるで、私たちとテクノロジーの主従関係が逆転したかのようです。➡11

コンピュータもまさにその典型例です。初期のコンピュータは大量のデータをすばやく処理する、単なる計算機能を拡張するための存在でした。しかし、コンピュータは社会全体に浸透し、膨大なデータを学習して知能を発達させ、今や最も効率的なアクションを私たちに「教える」ようになりました。私たちが入力した命令のとおりに動いていたコンピュータは、時を経て人々がどのように行動していくかを教えてくれる教師に進化しつつあります。その主従が逆転するシーンに、今私たちは立ち会っているのかもしれません。

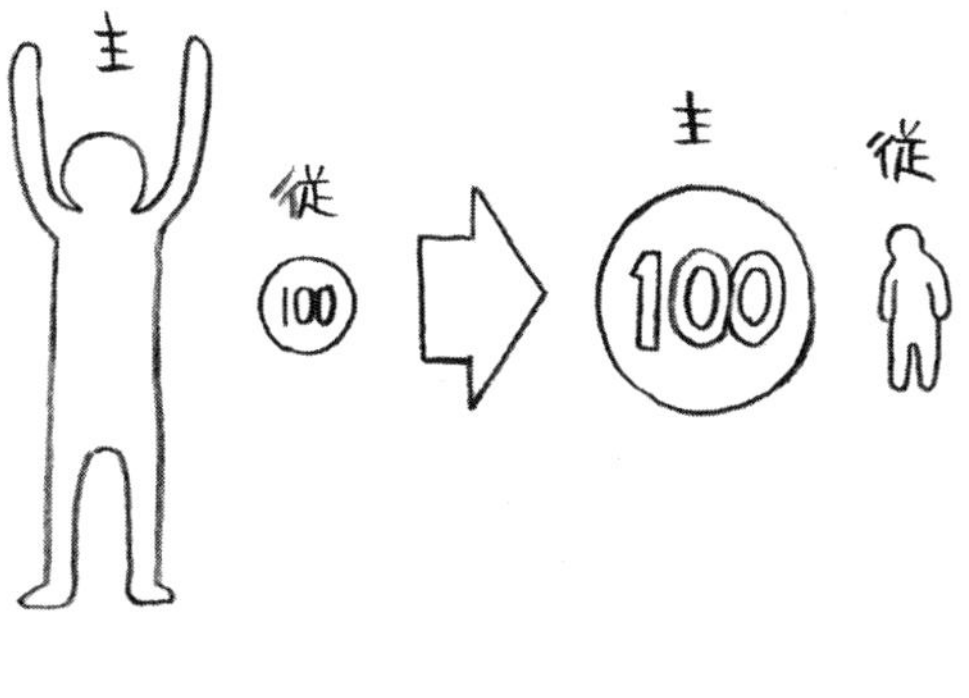

➡11
主従の逆転

パターン6 テクノロジーは掌から宇宙へと広がっていく

物理的な位置に着目すると、テクノロジーの発達していくプロセスにまた別のパターンが見えてきます。パターン4で、テクノロジーは私たちの機能を拡張すると述べましたが、その拡張は常に「身体の近く」からはじまりました。

最初は手足の拡張です。鈍器、斧、弓などの武器は手を拡張しましたし、草履や靴は足を拡張しました。テクノロジーは、その後身体から離れ、物理的に離れた空間において私たちの機能を拡張していきます。

掌の上にあった道具は、身体を離れ器具として室内に配置され、さらに室外へ飛び出し、汽車や自動車のような移動手段になって距離を克服し、最後は重力すら克服し飛行機として空へ、さらには地球を飛び出し宇宙へと向かっていきました。 ✏12

✏12
掌から宇宙へ

電気というテクノロジーひとつとっても、そのプロセスは共通しています。実験室からはじまり、一般の家庭の室内を照らす電球となり、そこからもう少しすると、社会の隅々にまで送電されるようになりました。最終的に社会のあらゆる道具とつながった電気は、空気のような存在になりました。

このように、テクノロジーは一定の順番を経て、物理的に遠くへと浸透し、浸透すればするほど日常の風景となり、その存在感を消していきます。

宇宙産業と融合するインターネット

テクノロジーは、多方向に増殖していきますが、最後に行き着く先は宇宙です。

私たちは、未知を開拓していく性質を持っています。人類の祖先がアフリカから各地に移動したことにはじまり、アメリカではフロンティアが開拓され、物理的空間としてのフロンティアは、地球上にはほぼなくなりました。宇宙は、人間にとって最後のフロンティアなのです。

人工衛星を活用すれば、地球の表面を立体的に把握することができます。理論上は、千数百基の衛星を打ち上げることで、地表全域の状況をリアルタイムで把握することが可能になります。衛星が捉えた情報と、地上にちりばめられたセンサーから収集された情報がセットで分析できるようになれば、今までわからなかったことがパターンとして解明され、地球はより理解しやすい場所になるでしょう。

人工衛星の低コスト化も進んでいます。最も安いものであれば、すでに3000万円あれば製造から打ち上げまですべて可能です。今後、さらに製造・打ち上げのコストが下がってくるのは間違いありません。大型のゲームアプリをつくるのに約1

億円かかることを考えれば、すでに衛星を打ち上げるほうが、ゲームをつくるより安くなっているのです。

19世紀にラプラスという数学・天文学者が、次のような意見を提示しました。

「もしもある瞬間におけるすべての物質の力学的状態と力を知ることができ、かつそれらのデータを解析できるだけの能力を持った知性が存在するとすれば、この知性にとっては、不確実なことは何もなくなり、その目には未来も（過去同様に）すべて見えているであろう」

この未来を完璧に予測できる超越的存在は「ラプラスの悪魔」と呼ばれ、物議を醸しました。もちろん、当時多くの人にとって「ラプラスの悪魔」は、具体的に思い浮かべることができるような存在ではありませんでした。しかし、今、現実に私たちは地球上のすべての変化をリアルタイムで把握し、解析できる

すでに衛星を打ち上げるほうが、
ゲームをつくるより安くなっているのです。

だけの計算能力と知性を持ちはじめています。

後数十年の間に、私たちはテクノロジーを活用して「全知」を実現できるところまで容易にたどり着くでしょう。そして、ひとたび「全知」が生まれれば、政治や経済に大きな影響を及ぼすことは間違いありません。GoogleやAmazonのようなグローバルＩＴ企業が宇宙産業にすでに多額の投資をはじめているのは、これらの技術が将来の社会に与えるインパクトを考慮してのことでしょう。

パターン7 テクノロジーは境界線を溶かしていく

インターネットは2000年のネットバブルの崩壊とともに失望の対象となり、以後10年間は、せいぜいで既存の社会を便利にするための「ツール」に留まっていました。しかし、2013年頃から、その状況は大きく変わっていきました。

インターネットは、現代の社会をどうつくりかえるのでしょうか。一言で言えば、それは近代に引かれたさまざまな境界線を「溶かす」という点に集約されます。ここでは、テクノロジーが溶かしはじめている境界線の例をいくつか挙げてみましょう。

1）国家と企業の境界線

国家は、自国民の生活に必要なインフラを整えるため公共事

インターネットは、現代の社会をどうつくりかえるのでしょうか。一言で言えば、それは近代に引かれたさまざまな境界線を「溶かす」という点に集約されます。

業を行う必要があります。ここでいう「公共事業」とは、国家が国民から徴収した税金によって、道路や水道や電気のような社会インフラに投資をする事業のことを指します。

国家の役割だったこの領域を、ここ最近民間企業が侵食しはじめています。グローバル化とインターネットの普及のなかで、民間企業の提供するサービスが社会インフラ化し、公共事業的な色を帯びてきているのです。

社会インフラ化した民間企業の例として真っ先に挙げられるのがGoogleです。Googleは、ネットさえあれば、誰もが無料で世界中の情報にアクセスすることを可能にしました。検索が存在する前、これに近しい役割を担っていたのは図書館でした。図書館は公共のインフラですから、その設立や維持にかかる費用はユーザーである市民が税金という形で負担するのが一般的です。

一方、Googleにかかる費用を負担するのは、ユーザーではありません。すべて、検索エンジンの運営費は広告主からの広告費で賄われています。ネット業界の人はこの広告料を「Google税」と呼んで揶揄することがありますが、これほど当を得た表現もないでしょう。

税金の負担者を変えて、Googleは行政に依存せずに情報インフラをユーザーに提供しているのです。

もうひとつ例を挙げるとすればFacebookでしょう。Facebookの役割は、行政が担う戸籍謄本や免許証の発行機能に近いものだとみなすことができます。

私たちは、戸籍謄本や免許証などの身分証のおかげで、契約のたびに信用調査をされなくとも「公的機関がその人の存在を証明している」という事実を示すことができていますが、Facebookもまた、それに近い機能を果たしています。ただし、Facebook

税金の負担者を変えて、
Googleは行政に依存せずに情報インフラを
ユーザーに提供しているのです。

においてその人の信頼性を担保しているのは、公的機関ではありません。その人が持つ「つながり」です。

国家が担当してきた領域に民間企業が侵食してきているのは、インターネット業界においてのみ見られるわけではありません。

電気自動車のテスラモーターズを経営するイーロン・マスクは、SpaceX[*23]という民間の宇宙ロケットを開発する企業の経営者でもあります。

SpaceXは、これまでの10分の1のコストでロケットを製造することに成功しました。

ロケット開発は、これまでNASAなどの政府機関の投資領域でした。しかし、投資資金の流入と技術革新によって、宇宙産業は民間企業がビジネスとして成立させられる分野となってきました。国家にとっても、やみくもに自らが開発を行うよりも、競争原理に基づく民間企業のスピードと拡張性を利用し、

✻23
SpaceX
ロケット・宇宙船の開発や打ち上げを行う民間宇宙ベンチャー。すでに商業衛星市場で大きなシェアを獲得している。

役割を分担することが合理的な選択になりつつあります。

こういった現象の根本には、国民国家の仕組みが時代と合致しなくなってきてしまったことがあります。国民国家というシステムがつくられた時代は、情報も人も自由には行き来できなかったため、国境のなかで、政府・企業・国民が明確に役割を分担できていました。

国家は代理人として権力を持ち、その権力をもとに一企業には提供できない充実したインフラを国民に提供することが可能だったのです。


しかし、今や企業の経済活動が一国で収まることは稀です。そして、国家のように領土に規定されない分、世界中でビジネスを展開してより大きな力を持つことができます。ちなみに、Appleの2014年の売上は1828億ドル（約22兆円）です。企

こういった現象の根本には、国民国家の仕組みが時代と合致しなくなってきてしまったことがあります。

業の「売上」を国家の「歳入」だと考えれば、Appleはすでに約200ある国家のうち20位付近に位置しており、多くの国家を超える力を持っているといえます。

国民全員の利益になるサービスを提供するという意味では、すでに民間企業と政府の間に大きな差はありません。国家は税金をもとに国民の需要を満たしますが、民間企業は資本主義の原理のなかでユーザーの需要を満たしているだけです。

そして、スピードの面では、日々競争にさらされている企業のほうが、国家よりはるかに優位に立っています。

すでに、その役割において、企業と国は競合関係になりつつあります。

2）社内と社外の境界線

労働という概念もまた、ここ数年で劇的に変化してきています。「ノマド[※24]」という言葉が流行した際「単なるフリーター的なトレンドの再来だ」と主張する人もいましたが、これは、インターネットの本格的普及が背景に存在する、まったく別種の変化です。ノマドという言葉が定着するかどうかはともかく、ノマドがブームになったのは、世相を表しているというよりも、産業構造の変化に起因していると見たほうがよいでしょう。

企業は、クラウドソーシング[※25]などを活用すれば、もはや、大量の労働力を自社内に抱え込む必要はありません。世界中のリソースをリアルタイムで必要な分だけ調達し、企業としては小さなまま、膨大な量の仕事をこなすことができます。アプリ

※24
ノマド
IT機器を使い、一定のオフィスではなく、カフェやコワーキングスペースなどで仕事をする新しいワークスタイル。

※25
クラウドソーシング
不特定多数の群衆（crowd）に業務委託（sourcing）をするような雇用形態。

開発において、運営企業は数名しかいないというケースはすでにめずらしいものではありません。

仕事が分散化され、社外にいるクラウド化された労働者へと外注されていくと、どこまでが社内でどこまでが社外かの線引きは非常に難しくなってきます。スキルのある人は複数のプロジェクトに並行して関わるようになり、自社、他社という概念も意味をなさなくなるでしょう。また、それにより、一人ひとつの職を持つという習慣も、今後変わっていく流れにあります。

その人にしかできない仕事があれば、企業に所属しなくてもいくらでも仕事は降ってきます。「社員」というのもまた、テクノロジーにより解体されうる、過渡期のシステムにすぎないのです。

3）自分と他人の境界線

検索エンジンによって誰もが同じ情報にアクセスできる状態では、どこまでが自分の知識で、どこまでが他人の知識かという境界線を引くことが難しくなります。単語をひとつ打てば全員が同じ答えを出せるということは、これまで個体の脳内で完結していた知識を全人類で共有しているともいえるからです。

今や、Facebook などのＳＮＳにより、知人同士ではお互いに多くのプライベート情報までもが共有されるようになりました。

今後あらゆる物体がインターネットに接続され、私たちが常にオンラインの状態になれば、他人と自分の境界線は曖昧になり、同時に、プライバシーという概念そのものも変わっていくことが予想されます。

国家や会社と同じように、プライバシーもまた、人間にとって自明の存在ではありません。歴史的に見ても、プライバシーは比較的最近誕生した概念です。

プライバシーには私的領域の保護という目的がありますが、ローマ時代以降、ヨーロッパのほとんどでは、「孤独」というのは聖職者だけに発生するものであり、その他の庶民にとっては、むしろ生活のほとんどは誰かと関わっているのが普通でした。

生活において最もプライベートな行為といえる入浴でさえも、19世紀になるまでは公共の場で行われていました。日本でも、今のように各家庭において入浴するようになったのはそれほど昔のことではありません。

今現在、SNSなどで共有する情報は、「誰かに見せたい情報」に限られていますが、今後ネットが電気のように社会の隅々にまで浸透すれば、いずれ、能動的に投稿していない情報まで

国家や会社と同じように、プライバシーもまた、人間にとって自明の存在ではありません。

も他人に共有されるようになります。

たとえば、スマートウォッチなどのウェアラブルデバイスが普及し、同時に各種のセンサーが街中に埋め込まれると、家族や恋人や友達とは、能動的に何かをすることなくとも自分の状態が共有されることになります。

スマートウォッチを通して親が子の居場所や健康状態を共有したり、恋人が見ている景色をGoogle Glassのようなデバイスを通して共有したりすることが可能になったとき、自分の情報を共有することへの意識的なハードルが今より低くなっていくことは容易に想像できます。

共有することのメリットや楽しさがより大きくなっていく以上、プライバシーの概念もまた、それに伴い今よりもゆるやかになっていく可能性が高いでしょう。

パターン8　テクノロジーはすべてを無料に近づける

理論上、あらゆるサービスは価格競争の末、無料に近づいていく運命にあります。これは、インターネット上のことに限りません。

無料にすること自体をマーケティングの一部としたり、他のビジネスと複合させトータルで利益を出したりと、その方法はさまざまです。

Googleのようにさまざまなサービスを無料で提供するモデルは、無料でユーザーを集めて、AdWords[※26]という広告でマネタイズしています。AndroidのＯＳも、後から広告収入によって回収可能だからこそ、無料で配布できるのです。

また、ＩＴ以外の複製コストがかかる分野であっても、それ

※26
AdWords
Googleが提供する、クリック課金広告サービス。

以上のリターンが見込まれるなら、理論上は無料になりえます。これは、こうしたGoogleなどの一部企業は、社員食堂が無料です。これは、こうした福利厚生によって優秀な人を採用するコストが、求人広告など採用活動に投じるコストよりも安く、費用対効果がよいからです。

最終的には、衣食住といった生活に必要なものすらも、コスト以上のリターンを得られると企業が判断すれば、無料に近づけていくことが可能です。

たとえば、Spiberという日本企業は強度の高い蜘蛛の糸の繊維を人工的に生産する技術を開発しています。こうした技術を活用して耐久性の高い服を低コストで生産できるようになれば衣服を捨てる必要がなくなり、将来的には衣服さえも無料になるかもしれません。

このようにしてあらゆるもののコストが下がっていくと、今

最終的には、衣食住といった生活に必要なものすらも、コスト以上のリターンを得られると企業が判断すれば、無料に近づけていくことが可能です。

後は労働すること自体の需要が減っていきます。今のペースでいくと30年後には週休4日、つまり3日働いて4日休むような未来が到来してもおかしくありません。

企業によるベーシック・インカム

ロボットやAIなど、テクノロジーの進歩によって社会が効率化され、あらゆるものが無料に近づいていった先には、企業によるベーシック・インカムが待ち受けているかもしれません。

ベーシック・インカムとは、国民が最低限の生活を送れるよう、政府が所得を保障する仕組みです。市場原理に任せて政府の介入を少なくすると、格差はどんどん広がります。そのリスクをヘッジするため全員に最低限の生活を保障し、生活水準をどれだけ上げられるかは自由競争に委ねるというのがベーシック・インカムのコンセプトです。最低限の生活を保障する手段は、貨幣での所得保障のみに限りません。

ここでは、ベーシック・インカムを「衣食住など最低限生活に必要なものを保障するすべてのシステム」と、広く定義して考えていきたいと思います。

ベーシック・インカムの実現が難しい理由は単純で、政府の税金によって所得を保障しようとすると、それだけ全員の税負担が増えるからです。しかし、あらゆるものが無料に近づくというパターンは、最低限の生活を保障する役割を企業に担わせる可能性を生じさせます。

ロボットによる自動化が進み製品やサービスが安くなると、生活コストも減少し、資本の必要性そのものが減少します。同時に、企業は効率化や自動化により生まれた収益を福利厚生やサービスに還元し、社員に提供していくことが可能になります。

このように、経済の仕組みのなかで「富の再分配」を完結さ

経済の仕組みのなかで「富の再分配」を
完結させてしまえば、税金を徴収したり社会保障を
提供する主体としての政府は必要ありません。

せてしまえば、税金を徴収したり社会保障を提供する主体としての政府は必要ありません。民間企業単独でも、部分的に社会にとって不可欠なインフラを提供することは十分可能です。

さらにこれを、社員だけでなく、顧客に対しても当てはめることで企業によるベーシック・インカムという可能性が出てきます。

たとえば、インターネット企業が、自社のサービスを使ってもらう代わりに、インターネットへの接続を無料で提供することは十分にありえます。実際にFacebookはアフリカのザンビア共和国に対して、スマホから自社のサービスを使う場合にはユーザーではなく自社が通信料金を負担するという仕組みを試みています。Facebook側にとっては、自社サービスの利用者が増えるのであれば、長期的には収益がコストを上回るという算段があるからです。

今はインターネットビジネスが中心ですが、こういった取り組みは、理論上では、他のさまざまな分野で応用可能です。たとえば、食事や住居を無料で提供し、それをフックに他のポイントで収益を上げるということも、ビジネスモデル次第では可能になります。Googleのサービスしか使ってはいけない、そしてあらゆるデータはGoogleに渡さなければいけないという条件で、Googleがユーザーに住居や食事を無料で提供することも将来的には十分考えられます。これはまさに企業によるベーシック・インカムに他なりません。

すべての価格が無料に近づき、企業が自社の拡大のためにインフラを提供する傾向が進行していくと、産業革命以後に確立された、「労働をし、資本を手に入れ、生活する」という図式が崩れてくることが予想されます。ベーシック・インカムによって最低限の生活が保障されるようになると、生活をするための労働はもはや必要ありません。

時代とともに、常に「何が当たり前か」は移り変わっていきます。

何世代も後に生まれる人たちが「何世代も前の人は、なぜ人生のほとんどをやりたくもない労働に捧げていたんだろう」と疑問に思う日も、いつかくるのかもしれません。

時代とともに、
常に「何が当たり前か」は
移り変わっていきます。

パターン9 テクノロジーが出した答えを理解できなくなる

今後、テクノロジーが発達すればするほど、ユーザー一人ひとりの特徴に合わせた、パーソナライズ[*27]されたサービスが提供されていくことになるでしょう。

パーソナライズは利便性をもたらす一方で、いきすぎたときに新しいものとの出会いをなくしてしまう可能性があります。過去の行動から推測される個人の好みにとことん合わせていくことで、本来ならあったはずの偶然の出会いが排除され、選択肢を狭めてしまうという懸念は、テクノロジーが進歩し、パーソナライズの精度が上がるとともに大きくなってきています。

私がかつて自社でスマホ広告の効果を最大化するために行ったある「実験」では、この点について、興味深いパターンが得ら

＊27
パーソナライズ
個人の興味関心に合わせてサービスを最適化すること。

れました。

ネット広告においては、クリック率や成約率を検証しつつ最もよい配信先を選定すること、つまり適正にパーソナライズを行うことが非常に重要です。興味のありそうなユーザーにだけ広告を配信し、無駄打ちは極力避けなければなりません。

私は、機械と人間どちらがそのパーソナライズ能力が優れているのか、試してみることにしました。片方は、マーケティング担当者が手動で広告の配信先を選定します。もう一方は、人間を一切介さず完全にシステムに配信先を選定させます。

マーケティング担当者の武器は、その経験です。化粧品であればF1層で、こんなサービスを使っている人たちで……などと、どんなターゲットに広告を見せればよいか、今までの経験からおおまかに予測ができます。一方で、システムはそういった知見は持っていないので、はじめはさまざまなターゲットにランダムに広告を配信し、その結果の成否を学習し、徐々に効果のある配信先を見つけていきます。

最初の数週間、高い成果を上げたのは、経験が武器のマーケティング担当者でした。しかし、2カ月以上経つと、システムが自動で配信したほうが圧倒的に費用対効果が高くなってしまいました。

システムは、初期こそ知見もないなかで不適切なユーザーに広告をどんどん配信していたものの、何百万人とトライアンドエラーを繰り返してゼロからパターンを学習し、ついには人間より圧倒的に高いパフォーマンスを上げるようになったのです。

配信される規模が大きくなるほど精度が下がる人間に比べ、システムは、扱うデータが膨大であればあるほどパーソナライズの精度が上がっていきます。

私は、実験が終わった後に、システムがどんなターゲティングをしていたのかを振り返ってみることにしました。すると、驚いたことに、私はなぜそのターゲティングが有効だったのか、まったく理解できませんでした。

なぜこの属性の人たちにこの広告を見せると効果的なのかという構造が、直感的に理解できなかったのです。システムは膨大なデータを学習していくことで、私たちには因果関係がわからないようなパターンさえ認識できてしまっていたのでした。

合理性 vs.不確実性

そして、この話にはさらに後日談があります。圧倒的に見えたシステムの優位も、結局、長くは続かなかったのです。

システムは、過去の行動履歴から、最も成約の確率が高いと想定されるターゲット層のみに絞り、広告を配信していきます。

実は、これを繰り返すと、配信するターゲットの数はどんどん

驚いたことに、
私はなぜそのターゲティングが有効だったのか、
まったく理解できませんでした。

減っていってしまいます。

システムは行動の結果を分析することは得意でも、行動には表れていない潜在的な顧客層の需要を喚起したりするといったことは苦手です。あえて確率の低そうな顧客にも広告を見せてみるといったことはできません。

しかし、一見効果がなさそうなターゲットでも、配信してみれば成約に至るかもしれませんし、そういった試みこそが、新規顧客獲得につながります。しかし、システムはそのような不確実性を極力排除し、短期的な合理化や最適化を進めてしまいます。

短期的な合理化が、ターゲットと広告の新しい出会いの可能性をなくし、長期的な目で見たときの機会損失につながっていたのです。

これは、広告配信に限った議論ではありません。個人のこれ

圧倒的に見えたシステムの優位も、
結局、長くは続かなかったのです。

までの行動を学習して、その人に最適なサービスを提供していくすべてのサービスに当てはまります。

こちらの過去の行動を学習し、自分に適した情報を提供してくれるサービスは、とても楽だし、便利です。しかし、パーソナライズの技術は「思ってもみなかった発見」は提供してくれません。過去の行動履歴からパーソナライズをしていくことは、本当の意味での「最適化」をむしろ遠ざけてしまう危険性があるのです。

この問題について、以前イスラエルでGoogleのマネジャーがおもしろい話を聞かせてくれました。Googleには有名な「20%ルール」が存在します。就業時間の20%は、会社から指示された業務以外の自分の好きなプロジェクトなりアイデアに時間を費やしてもよいというルールです。外部からは、このルールはGoogleが社員に与えた太っ腹な福利厚生のように捉えられてい

しかし、パーソナライズの技術は「思ってもみなかった発見」は提供してくれません。

ます。

しかし、私がその点について確認したところ、そのマネジャーは意外な答えを返してくれました。

この仕組みは「リスクヘッジ」のためのものなのだ、と。


Googleを率いるような優れた経営者であっても、常に正しい決断を続けられるとは限りません。企業が大きくなればなるほど、創業者たちでさえ市場のすべてを正しく把握することは難しくなっていきます。ネットの市場は変化が速いので、トップが意思決定をひとつ間違えば、途端に時代に乗り遅れるリスクがあります。

「数万人いる社員の業務時間の20%をそのリスクヘッジにあてているんだ」と、彼は話してくれました。

創業者の意思決定が間違っていたとしても、数万人の社員の20%の時間を費やしたプロジェクトのなかに正しい選択肢があれば、企業は存続できます。企業の80％のリソースを経営陣の意思決定どおりの仕事に費やし、残り20％のリソースを社員の意思決定に任せる。これにより、企業全体がおかしな方向にならないようにバランスをとっているのです。

この仕組みは、Googleの経営陣ですらも常に正しい意思決定をすることは不可能だ、という前提に立ってつくられています。

どれだけ多くの経験を積んだところで、この世界の「不確実性」からは逃れることができないのならば、いっそのことそのリスクを理解したうえで組織をつくるという理詰めの選択の結果が、あの「20％ルール」なのです。この話には衝撃を受けました。

この考え方において最もリスクのある選択とは、一見すると合理的に思える選択肢にすべてを委ね、一切のリスクと不確実性を排除しようとすることです。リスクや不確実性を完全に排

最もリスクのある選択とは、
一見すると合理的に思える選択肢にすべてを委ね、
一切のリスクと不確実性を排除しようとすることです。

除する考えそのものが最大のリスクを生み出します。一方で、本当に合理的な判断とは、自分が完全に合理的な選択ができるという考えをあきらめて、不確実性を受け入れつつ、意思決定を行うことです。

将来的にはこういった不確実性までもがアルゴリズムに組み込まれたパーソナライズが誕生し、この問題は解消されるのかもしれません。ただ、現時点ではシステムが過去の情報から導き出す「合理的」な答えが、長期的に見れば必ずしも合理的ではないということは、知っておく必要があります。

パターンはビジネスの世界から見えてくる

ここまで、代表的なパターン、重要なパターン、普遍的なパターンを主に紹介してきましたが、第1章で紹介したような、「垂直統合型」vs.「水平分業型」のような、より具体的な状況で繰り返されるパターンも存在します。

そのようなパターンを自ら見出すには、どのようにしたらよいのでしょうか。

私は、この世界に存在する物事のつながり、パターンを見抜くことに、ずっと強い好奇心を持ってきました。

生来の疑り深い性格も相まって、私は自分自身をその仮説検証の「実験台」にしてみようと思うようになりました。この世界がどんなメカニズムで動いていて、これからどうなっていくのかを確かめたかったのです。

そして、そのために最も適切な手段として選んだのが、ビジネスでした。

実験を重視する物理などの自然科学とは異なり、社会科学で真理とされることのほとんどは、個人の「考察」でしかありませんでした。その正当性は、学会などの権威によって担保されていますが、それが本当に真実なのかどうかは、確かめようがありません。

何が正しくて何が間違っているのか？　社会のメカニズムはどうなっているのか？

私は、それらをリアルタイムに、フィードバックを受けつつ

実験を重視する物理などの自然科学とは異なり、
社会科学で真理とされることのほとんどは、
個人の「考察」でしかありませんでした。

検証できるのは、学会の場ではなく、ビジネスの世界だと思っています。

自分の考える世の中のメカニズムに対する仮説が正しければすぐ数字に反映され、間違っていれば企業として衰退し、滅びるからです。私にとってビジネスは、自らの社会のパターンに対する考察を検証するうえで最もシビアなツールなのです。

自らパターンを見出すには行動あるのみ

パターンを見つけるためには、一定以上のサンプルが必要です。一度のトライからパターンを見極めるのには限界があります。そのため、何度も繰り返し行動することが必要となります。

しかし、私たちが行動するにあたって、感情が壁になることがあります。私たちは、自分の行動が他人からどう見られるかを常に考えてしまいます。行動にはリスクがつきものです。失敗したときに受ける酷評や嘲笑を考えれば、誰だって恐怖を覚えるでしょう。

私たちの感情は、あるところを叩くと決まった音が鳴る楽器

しかし、私たちが行動するにあたって、感情が壁になることがあります。

のようです。嫌なことを言われれば落ち込み、褒められれば嬉しくなります。いつも、誰かの行動に共鳴し、影響を受けています。

自分の目の前の現実にどのようなパターンが隠されているか。このことを本当に理解したいのであれば、感情という厄介者を一旦無視しなければなりません。成功例も失敗例も、客観的なデータとして扱う姿勢が必要です。

たとえば、とあるプロジェクトを立ち上げる際にスタッフを募ろうと声をかけてみるとします。あなたは、そのプロジェクトの成功にとても自信を持っている。ところが、熱を込めて最初の一人に声をかけたところ、冷たく断られてしまいました。おそらくその自信の分だけショックは大きく、落ち込むことでしょう。多くの人が、ここであきらめてしまいます。しかし、失敗例を客観的なデータと捉えて声をかけ続け、100人に声

自分の目の前の現実に
どのようなパターンが隠されているか。
このことを本当に理解したいのであれば、
感情という厄介者を一旦無視しなければなりません。

をかけたところ、最終的に10人が協力を申し出てくれたとしたらどうでしょう。この場合、プロジェクトに協力してくれる確率は10分の1という、再現性のあるパターンが得られます。仮にこのプロジェクトに50人必要だとすると、500人に声をかけるにはどうしたらよいかを考えるだけでよくなります。パターンがわかれば、適切な対処法がわかるのです。

物事がうまくいかない場合、パターンを認識するために必要な試行回数が足りていないことがほとんどです。サンプル数が必要だと頭ではわかっていながらも、感情的な理由から十分な数が集まる前にあきらめてしまうことが本当に多くあります。

もちろん、人間である限り、この感情の揺らぎから逃れることはできません。それでも、一回一回の成否に一喜一憂せずに、パターンと確率が認識できるまで「実験」だと割りきって量をこなすことが重要です。

すべての企業の「目的地」はひとつ

テクノロジーを「点」ではなく「線」で捉えている人たちにとって、どの事業を足がかりにするかという「道」はそれぞれ違えど、実は、その「目的地」はほぼ同じです。

Google、Amazon、Facebookなどの巨大IT企業の創業者たちが考える未来像は、驚くほど酷似しています。AppleとGoogleが揃って自動運転車やスマートカーに参入し、GoogleとAmazonが宇宙産業においてしのぎを削っていることは、偶然ではありません。

過去を振り返っても、ことテクノロジー企業においては、ほぼ同じ時期に類似したプロダクトを投下しているということが

過去を振り返っても、
ことテクノロジー企業においては、
ほぼ同じ時期に類似したプロダクトを
投下しているということがよくあります。

よくあります。たとえば、GoogleがAndroid社を買収して本格的にスマホに本腰を入れはじめたのは2005年8月ですが、Windows Mobileが発売されたのは、まったく同じ月でした。iPhoneの発売は少し遅れて2007年1月ですが、2004年の段階ですでにジョブズは「iPodの携帯電話版を考案中だ」と話しています。

実際にスマホが世界的に携帯電話のスタンダードになるのが自明なこととなったのは2012年頃ですが、彼らは8年以上前からその時代の到来を理解し、買収や開発を進めていたのでしょう。

彼らは変化にスピーディに対応し、後追いでプロダクトを完成させたのではありません。同じ未来像を見ながら、いつそれに取りかかるのがよいか、タイミングの読み合いをしていたのです。

ユーザーにとって最高の価値を提供しようとすれば、最も安く、最も速く、最も快適に、最適化されたサービスを提供し、ニーズを満たすことが求められます。「ユーザーが望むニーズ」と「現在の技術で実現できること」の接合点を突き詰めていけば、そこにバラエティはあまりなく、多くの場合その未来像は似たものにならざるをえません。

私も、いつも社員には競合のことを意識しすぎる必要はないという話をしています。同じ場所を目指して登っていれば、意識しようがしまいが、いつかは競争することになるからです。その意味では、すべての企業は最終的には競争することを運命づけられています。

「ユーザーが望むニーズ」と「現在の技術で実現できること」の接合点を突き詰めていけば、そこにバラエティはあまりなく、多くの場合その未来像は似たものにならざるをえません。

おわりに

本書のなかで述べてきたように、社会が変化していく方向性には、大きな「流れ」があります。社会をより便利で効率的な場所に変えていこうとすると、試行錯誤の段階ではさまざまな選択肢が広がっていきますが、最終的には効率のよいもののみが生き残り、ひとつの結論に向けて収斂していくことになります。社会の効率がだんだんとよいほうに向かっていくというのは、一本の軸を左から右へと進んでいくような変化であるため、多様性が生じる余地はあまりありません。

既存のシステムを10倍以上効率化する可能性を持つテクノロジーが誕生すると、そのテクノロジーを基点に社会が組み替えられていきます。

たとえば、蒸気機関・電力の発明によって、産業の中心は農業から工業に代わり、農村で働いていた人たちは都市の工場に出稼ぎに行くようになりました。工場を所有する資本家とそこで働く労働者という関係が一般的になり、資本主義が急速に普及していきました。しかし、新たなシステムは新たな問題も生み出します。

資本主義は格差という問題を生み、その解決のためにいくつもの試行錯誤が行われました。共産主義や社会主義です。しかし、それらは結局、資本主義より効率が低かったため、最終的に社会は資本主義に収斂していきました。

このような拡散と収斂のサイクルが繰り返され、社会全体がより生産性の高いシステムへと変化していきます。社会も、人間と同様によく失敗をし、反省します。

封建社会では身分という制約が多くの人々の生活を抑圧していました。世界大戦は多くの生命を奪いました。その不幸を反省し、同じ失敗を繰り返さないように、私たちは今も日々試行錯誤しながらより効率の高い社会へと進んでいます。

政治（封建制→民主主義）においても、経済（物々交換→貨幣）においても、テクノロジー（石器→コンピュータ）においても、効率の低いところから高いところへ、ひとつの流れに沿って進んでいるにすぎません。

社会の進化に流れがあるという事実は、実は寂しいことでもあります。流れが一人の人間に覆せるようなものではないならば、個々人が存在する意味は小さい、ということになるからです。

歴史的な発明を振り返ると、そこにいた当事者が世界そのものを変えたかのように、私たちの目に映ります。しかし、彼らがそれを発明しなくても、他の誰かがそのピースを埋めたであろうことは容易に想像がつきます。その意味では、彼らは未来をつくったのではなく「いずれくる未来の実現を早めた」といえるのかもしれません。

Google、Amazon、Facebookなどの巨大ＩＴ企業の創業者たちが考える未来像は驚くほど似ています。彼らは「いつ」それに取りかかるのかのタイミングの読み合いをしているだけです。社会・経済・技術・強み・資金などを総合的に考え、適切なタイミングで適切なアクションを起こそうとしています。

その意味では、イノベーターとは、まったくゼロから新しいものを創造する人たちではなく、少し先の未来を見通して先回りができる人たちなのだといえるのかもしれません。

誰がいつ実現するかは最後までわかりません。しかし、何が起きるかについて、おおよその流れはすでに決まっています。人が未来をつくるのではなく、未来のほうが誰かに変えられるのを待っているのです。適切なタイミングでリソースを揃えたものが、その成果を手にするのです。

国や時代を超えて共通する進歩の原理には、個人が好きに変えられるほどの自由度はありません。そして、社会で生きる限り、その法則性から逃れることはできません。

魚は川の流れに逆らって泳ぐことはできますが、川の流れそのものを逆流させることはできないのと同じことです。川の大きさに対して、魚である自分がやれることの少なさを感じて、一時期、私はとても落ち込んだことがありました。自分の存在する意義がないように思えたからです。

ただ、それでもしいて自分が存在している意味を求めるとすれば、それは「来《きた》るべき未来の到来をできる限り早めること」にあるのではないかと、私は思っています。

もっと早く封建社会が終わり、民主主義がもっと早く浸透していれば、より多くの人が自分の人生を自由に選択できたはずです。もっと早く天然痘のワクチンが発見されていれば、何千万人という人がもっと長生きできたはずです。

もっと早く来るべき未来が訪れていれば、もっとたくさんの不幸が避けられたはずです。現代の社会も、まだ課題が山積みです。「貨幣」から人間が解放されたら、もっと多くの人が不幸から救われるかもしれません。人間が「労働」から解放されたら、家族とすごす時間をもっと増やせるかもしれません。

こういった課題は、その課題が大きいほど、いつか解決策が見つかるようにできています。自分がやらなかったとしても、おそらく誰かが解決してくれるでしょう。ただし、その解決が遅くなればなるほど、不幸な人は増えてしまいます。

私たちにできることは、顕在化している課題をできるだけ早く解決する方法を見つけ、ひとつでも多くの不幸をなくすことぐらいでしょう。いつか誰かが実現する未来だったとしても、その到来を早めることは、多くの人にとって価値のあることです。

来るべき未来の到来を早めることが、その時代を生きる人に課された唯一の「仕事」です。私たちが何気なくすごす毎日も、すべてはその「仕事」につながっています。

企業が行う活動や競争も、最終的には世の中をより便利に、より快適にしていきます。検索エンジンやSNSにしても、社会をよくするという動機からはじまったものではありませんが、そこにビジネスチャンスがあると考えた企業と投資家がいたからこそ、あそこまで巨大になりました。そして、結果的には多くの人々の生活を向上させています。

未来の方向性はある程度決まっていて、個人にはコントロールできません。それでも、自分の存在が無意味だと思いたくはないのが人間です。人間は、結局は感情の生き物ですから。

自分という存在に意味を与えるためにも、私は、少し先の未来に先回りしようとし続けようと思います。

2017年12月　佐藤航陽

リベラルアーツカレッジシリーズの
サイトがオープンしました

世界が変わる 世界を変える

DISCOVER 21

LIBERAL ARTS COLLEGE

http://www.lac21.com

現在、世界は大きな節目を迎えています。お金も経済もビジネスも価値と在り方を大きく変えようとしており、数年先の未来も読み切れないような時代を迎えています。

「ディスカヴァー リベラルアーツカレッジ（Discover 21 Liberal Arts College)」シリーズ及びサイトは、この変革の時代を生きるビジネスパーソンに対して、自分自身とその周りの世界を変えていくための広い教養と本質を見抜く思考法を見出したいという思いから立ち上がりました。個人の成長と社会の発展に貢献できる価値を提供していきます。

それは、20世紀の価値基準がまさに最後の栄華を誇っていた時代に、21世紀の新しい価値基準の選択肢を提供する会社として設立された、わたしたちディスカヴァー・トゥエンティワンのミッションそのものでもあります。

「世界が変わる、世界を変える」――新しい時代を創っていく方々と共に成長できるシリーズとなれば、これほど嬉しいことはありません。

2018年1月

干場 弓子

LIBERAL ARTS COLLEGE

時代を先読みし、チャンスを生み出す 未来予測の技法

発行日　2018年　2月　20日　第2刷

Author　佐藤航陽

Book Designer/DTP　辻中浩一　内藤万起子　吉田帆波（ウフ）

Illustrator　久保沙織（ウフ）

Publication　株式会社ディスカヴァー・トゥエンティワン
〒102-0093　東京都千代田区平河町2-16-1
平河町森タワー11F
TEL　03-3237-8321（代表）
FAX　03-3237-8323
http://www.d21.co.jp

Publisher　干場弓子

Editor　堀部直人

Marketing Group Staff　小田孝文　井筒浩　千葉潤子　飯田智樹　佐藤昌幸
谷口奈緒美　古矢薫　蛯原昇　安永智洋　鍋田匠伴　榊原僚
佐竹祐哉　廣内悠理　梅本翔太　田中姫菜　橋本莉奈
川島理　庄司知世　谷中卓　小田木もも

Productive Group Staff　藤田浩芳　千葉正幸　原典宏　林秀樹　三谷祐一　大山聡子
大竹朝子　林拓馬　塔下太朗　松石悠　木下智尋　渡辺基志

E-Business Group Staff　松原史与志　中澤泰宏　伊東佑真　牧野類

Global & Public Relations Group Staff　郭迪　田中亜紀　杉田彰子　倉田華　李瑋玲　連苑如

Operations & Accounting Group Staff　山中麻吏　吉澤道子　小関勝則　西川なつか　奥田千晶
池田望　福永友紀

Assistant Staff　俵敬子　町田加奈子　丸山香織　小林里美　井澤徳子
藤井多穂子　藤井かおり　葛目美枝子　伊藤香　常徳すみ
鈴木洋子　内山典子　石橋佐知子　伊藤由美　押切芽生
小川弘代　越野志絵良　林玉緒　小木曽礼丈

Proofreader　文字工房燦光

Printing　大日本印刷株式会社

ISBN978-4-7993-2211-6